MICHEL DE MONTAIGNE

Essais :
« Des Cannibales » et « Des coches »

 Notre monde vient d'en trouver un autre

1580-1588

TEXTE INTÉGRAL

Édition présentée par
Aurélie Wach
Agrégée de Lettres classiques

Sous la direction de Françoise Rio
Agrégée de Lettres modernes

Sommaire

▶ **Biographie** 4

▶ **Contexte historique et culturel** 7

▶ **Repères chronologiques** 10

Lire... **Les *Essais*** 11

▶ **« DES CANNIBALES »** 13

Explication de texte 1
« Barbares » ? Mais dans quel sens ? 21

Explication de texte 2
Au jeu de la barbarie, qui est le maître ? 28

Explication de texte 3
Et les Cannibales en Europe, qu'en pensent-ils ? ... 38

▶ **« DES COCHES »** 40

Explication de texte 4
Le monde... qu'en savons-nous ? 56

Explication de texte 5
Le Nouveau Monde : une conquête à célébrer ? 61

Explication de texte 6
Un accueil bien mérité ? 66

ISBN : 978 209 151216-7 © Nathan 2019.

LE DOSSIER
du lycéen

▶ **Structure de l'œuvre** 76

▶ **Testez votre lecture** 80

▶ **Comprendre l'œuvre** 82
    1. Une réflexion sur l'homme 82
    2. Une écriture du mouvement et de la liberté 83

▶ **Explorer le parcours associé :**
Notre monde vient d'en trouver un autre

  LES THÈMES

    1. Une rencontre qui tourne au désastre 86
    ● Lecture d'image 89
    2. Montaigne et ses sources 90
    ● Lecture d'image 92

  GROUPEMENTS DE TEXTES

  ▶ ❶ **Le cannibalisme sous toutes ses formes**
    1. Jean de Léry, *Histoire d'un voyage fait en la terre du Brésil*, 1578 93
    2. Voltaire, *Dictionnaire philosophique*, 1764 96
    3. Jonathan Swift, *Modeste proposition pour empêcher
    les enfants des pauvres...*, 1729 98
    4. Claude Lévi-Strauss, *Nous sommes tous des cannibales*, 2013 100
    5. Paul-Émile Victor, « Mes amis les Esquimaux »,
    article du *Figaro*, 1954 102

  ▶ ❷ **Le regard étranger**
    1. Lucien de Samosate, *Anacharsis ou Les Gymnases*, IIe siècle 105
    2. Montesquieu, *Lettres persanes*, 1721 108
    3. Denis Diderot, *Supplément au voyage de Bougainville*, 1772 110
    4. Carlos Fuentes, « Les deux rives », 1993 112
    5. Claude Lévi-Strauss, *Tristes Tropiques*, 1955 114

▶ **Vers le BAC**
    ● Sujets de dissertation 116
    ● L'oral du BAC 121

▶ **Lexique** 127

▶ **Conseils de lecture** 129

Essais ● **3**

Biographie

Qui est Montaigne en 1580 ?

Une œuvre de maturité

- En 1580, lorsqu'il publie les deux premiers livres des *Essais*, Michel Eyquem de Montaigne a 47 ans. Les *Essais* sont donc une œuvre de maturité, et Montaigne continuera d'y apporter corrections et ajouts jusqu'à la fin de sa vie, y adjoignant un troisième livre en 1588. En effet, Montaigne n'a commencé d'écrire que tardivement, après le décès de son père en 1568. Héritier du domaine paternel, il abandonne alors sa charge de conseiller au parlement de Bordeaux pour se consacrer à l'administration de ses biens et à un loisir studieux, voué à la lecture et à l'écriture.

L'engagement politique

- Il ne faudrait cependant pas considérer ce gentilhomme d'âge mûr, « retiré » dans son château, comme un ermite. Montaigne n'a cessé d'être attentif au monde qui l'entourait. Or, le Sud-Ouest de la France était particulièrement touché par les tensions religieuses qui, à partir de 1560, ont dégénéré en une série de guerres civiles.

Un partisan de la paix

- Bien qu'il n'en parle guère dans les *Essais*, Montaigne a tenu un rôle actif, quoique confidentiel et limité, dans les événements politiques de son temps. Il a joué dans l'ombre, à plusieurs reprises et probablement assez tôt (dès 1571), le rôle d'intermédiaire entre les personnages les plus haut placés de son époque, notamment Henri de Navarre (chef du parti protestant, et futur Henri IV) et son beau-frère Henri III, roi de France et catholique, qui tâchait d'asseoir son autorité face au puissant parti des Guise, la Ligue (le parti catholique intransigeant, appuyé par le roi d'Espagne). Montaigne, catholique modéré, partisan de la paix et du compromis, a su faire valoir sa loyauté et sa bonne foi aussi bien auprès du roi de France que du roi de Navarre, et a pu tenter d'influer sur le cours des événements, dans un contexte de tensions inextricables.

D'aventures en aventures

- Il a aussi été un voyageur : bon cavalier, il a parcouru la France lors de divers déplacements et, à presque cinquante ans, après la première publication des *Essais* en 1580, il entreprend un voyage de plusieurs mois en Italie, en passant par l'Allemagne et par la Suisse. De ce voyage, il laissera un *Journal*, qui sera publié au xviiie siècle et qui témoigne de son intérêt pour ce qu'il ne connaît pas et pour la variété du monde. C'est à Rome qu'il apprend en 1581, son élection au poste de maire de Bordeaux pour deux ans, une charge importante à cette époque. Il rentre donc pour assumer ses fonctions, et se trouve réélu deux ans plus tard dans un contexte politique beaucoup plus tendu, auquel s'ajoute en 1585 une épidémie de peste qui décime la contrée. Le voilà obligé de parcourir la région avec toute sa famille et ses gens. Quand il rentre, il lui faut réhabiliter son domaine, et il a beaucoup perdu...

- Vie aventureuse donc, et bien remplie que celle de Montaigne, à laquelle il convient d'ajouter ses conquêtes féminines : ce séducteur gagna les faveurs de plusieurs femmes de haut rang, parfois mariées. On le soupçonne même d'avoir entretenu une courte liaison avec Marguerite de Valois, sœur du roi, et avec Diane de Gramont, une dame de sa région, avant qu'elle ne devienne la maîtresse d'Henri de Navarre !

Une curiosité sans faille

Un « chercheur de sagesse »

- C'est sur le fond de cette existence mouvementée et d'un sentiment d'impuissance face aux malheurs de son temps qu'il faut replacer l'écriture des *Essais*. Il s'agit pour l'auteur d'une aventure à part entière, en quête d'une sagesse personnelle. Montaigne conçoit les *Essais* comme un autoportrait. Un autoportrait vivant et en perpétuelle évolution, comme lui. Ce n'est pas un traité de philosophie, mais c'est l'œuvre d'un philosophe, c'est-à-dire d'un homme qui cherche à « se connaître lui-même » pour bien vivre, à sa manière. « Je veux qu'on m'y voie en ma façon simple, naturelle et ordinaire, sans contention [effort] et artifice : car c'est moi que je peins. » écrit-il dans l'*Avis au Lecteur*. Montaigne parle de tout dans les *Essais* : la guerre, la médecine, l'éducation des enfants, les « monstres », l'Amérique... Il se penche sur tous ces sujets avec la même curiosité, et livre ses opinions et ses étonnements sur son principal sujet : l'homme en général, et l'homme qu'il est lui-même.

L'ami irremplaçable

- À qui Montaigne s'adresse-t-il dans les *Essais* ? À lui-même, à ses proches, au lecteur qui choisit de s'intéresser à ses « fantaisies ». Mais on ne peut comprendre les *Essais* sans les relier à la disparition d'Étienne de la Boétie, ami de Montaigne, mort en 1563 à l'âge de 33 ans. Les deux hommes s'étaient rencontrés à Bordeaux au début de leur carrière au

Parlement, vers 1557. Avant même de rencontrer La Boétie, Montaigne avait admiré son *Discours de la servitude volontaire* : une œuvre de jeunesse, où La Boétie attaquait la « servitude » à laquelle se réduisent ceux qui obéissent aveuglément à un tyran. Bien qu'on puisse y reconnaître une sensibilité républicaine, le *Discours* est avant tout dirigé contre les courtisans et leur indigne servilité.

> « Parce que c'était lui, parce que c'était moi. »

● Montaigne resta marqué toute sa vie par la perte de son ami. Avant d'écrire lui-même, il publia ses œuvres. Et l'on a pu considérer le livre I des *Essais* comme le « tombeau » de La Boétie, puisque Montaigne insère en son milieu, comme dans un écrin, les *Vingt-neuf sonnets* de La Boétie. Il avait projeté d'y inscrire le *Discours de la servitude volontaire*, mais l'œuvre était devenue trop polémique. Il est probable, en revanche, qu'il en facilita la publication clandestine par des filières protestantes.

● Les *Essais* sont comme le dialogue de Montaigne avec lui-même après la perte de cet ami irremplaçable. Il y déploie les qualités de franc-parler, d'indépendance et d'audace chères à La Boétie.

La dernière rencontre

● Montaigne eut six filles dont une seule, Léonor, survécut. Lui-même fut malade à partir de 1578 : atteint de la gravelle, il dut vivre en s'accoutumant aux souffrances de cette maladie qui provoque des caillots dans les voies urinaires. Mais la vie lui réservait encore une belle rencontre : en 1588, une de ses lectrices, Marie le Jars de Gournay, âgée de 23 ans, demanda à le rencontrer alors qu'il séjournait à Paris. Il alla la trouver en Picardie et, impressionné par son intelligence et sa sensibilité, la reconnut dès lors comme sa « fille d'alliance ». Il trouva dans ses dernières années un réconfort dans cette relation, bien qu'il ne la revît plus directement. Et c'est elle qui, après sa mort, se chargea de donner une édition posthume des *Essais* augmentée des derniers ajouts de l'auteur.

Contexte historique & culturel

Une époque troublée

Découverte et conquête du Nouveau Monde

● La découverte de l'Amérique eut lieu au tournant du XVIᵉ siècle, avec le premier débarquement de Christophe Colomb dans les Antilles en 1492, alors qu'il pensait avoir atteint les rivages de l'Inde. Le

Un Nouveau monde, de nouveaux horizons

continent sud-américain fut conquis en très peu de temps, au gré d'expéditions financées par les royaumes européens, et, en particulier, par les souverains espagnols : le Nouveau Monde leur avait été « donné » par le pape juste après sa découverte, pour le coloniser et l'évangéliser. Soixante ans suffirent aux Espagnols, bientôt suivis par les Portugais, pour s'emparer du continent, en usant de la violence contre des populations décimées aussi par les maladies importées par les conquérants (contre lesquelles elles n'étaient pas immunisées).

● La découverte du Nouveau Monde suscite un enthousiasme immédiat en Europe. La France finance une expédition afin d'établir elle aussi une colonie en Amérique (la « France antarctique »), mais le manque de ressources du pays, dans les années 1550, empêche le projet de se réaliser durablement. Il suscite néanmoins un vif intérêt : La Boétie, dégoûté par les maux de son pays, forme le projet de s'y exiler. Montaigne n'aurait pu suivre son ami, en raison de son intolérance au voyage en mer (sujet dont il parle dans *Des coches*, et qui a donc bien un lien direct, pour lui, avec la question de l'Amérique). Mais il se renseigne sur le Nouveau Monde, interrogeant des témoins directs, collectionnant des objets du Brésil et lisant les récits de voyage sur les nouvelles terres, leurs habitants et la conquête.

● Les explorations du Nouveau Monde encouragent certains esprits à remettre en question leurs certitudes et les usages de leur société, surtout dans le contexte déstabilisant des guerres de religion. Montaigne rejette ainsi l'ethnocentrisme des Européens.

Dans la tourmente des guerres de religion

● L'idée de « réformer » l'Église chrétienne, jugée corrompue, est née dès le XVᵉ siècle. Au XVIᵉ siècle, la contestation prend de l'ampleur, sous des

Essais ● 7

formes très diverses et à travers toute l'Europe. En 1520, l'Allemand Luther s'oppose ouvertement au pape Léon X et fonde le protestantisme. En France, c'est Jean Calvin, exilé en Suisse après l'affaire des Placards, qui devient, à partir de 1536, la figure de référence des protestants.

• Les conflits religieux se sont aggravés en France, car ils sont devenus politiques. François Ier tente une politique de conciliation avec les luthériens. Mais en 1534 a lieu l'affaire des Placards : une affiche condamnant la messe catholique est placardée une nuit dans plusieurs villes de France, et jusque sur la porte de la chambre du roi, qui proclame alors sa foi catholique et sévit contre les coupables de ce crime de « lèse-majesté ». Les édits répressifs et les condamnations se multiplient sous Henri II, sans que cela empêche une partie notable de la population, et en particulier de la noblesse, d'embrasser la foi protestante. De nombreuses familles sont même divisées : Montaigne est resté catholique, mais un de ses frères et deux de ses sœurs ont adopté la religion réformée. Deux factions rivales cherchent à s'accaparer le pouvoir et l'influence sur le roi : le parti catholique est mené par la puissante famille des Guise, le parti protestant par les Montmorency, puis par les Bourbons (Henri de Navarre) qui sont de sang royal.

> *Le massacre de la Saint-Barthélemy, point culminant des guerres de religion*

• À partir de 1562 et jusqu'en 1598, huit « guerres de religion » se succèdent avec de brèves périodes de trêve. L'épisode le plus tristement célèbre est le massacre de la Saint-Barthélemy : dans la nuit du 24 août 1572, les protestants venus à Paris pour les noces d'Henri de Navarre et de Marguerite, la sœur du roi Charles IX, sont assassinés. Le massacre se propage ensuite dans le pays au cours des semaines suivantes.

L'humanisme au cœur des *Essais*

• L'humanisme est un mouvement de pensée né au début de la Renaissance (xve siècle) avec la redécouverte des textes antiques dans l'ouest de l'Europe. La lecture d'auteurs antiques passionne les lettrés. Elle leur permet de réfléchir sur l'homme et le monde sans se référer exclusivement au discours de l'Église.

• La première période de l'humanisme est optimiste, exaltée par les nouvelles découvertes technologiques et scientifiques comme l'imprimerie, l'héliocentrisme, et la découverte de l'Amérique. Le monde semble s'élargir devant l'homme, et lui offrir de nouveaux possibles.

- Vient ensuite une période plus sombre, devant le spectacle des guerres de religion mais aussi de la forme violente et inhumaine prise par la conquête de l'Amérique. C'est bien à ce second humanisme qu'appartient Montaigne : son caractère naturellement enjoué ne l'aveugle pas sur les misères de son temps.

> **Les Essais, une aventure humaine avant tout**

- Au XVIe siècle, à côté de l'usage du latin, que maîtrise parfaitement Montaigne, comme tous les lettrés de l'époque, se développe l'usage écrit, littéraire, du français. Des écrivains et des poètes, notamment les membres de la Pléiade (Ronsard ou Du Bellay), contemporains de Montaigne, veulent hisser la poésie française au niveau des modèles antiques. C'est une langue en cours de fixation qu'utilise Montaigne, un français qui s'invente, et qui peut nous sembler difficile. Le choix du français comme langue du quotidien et de la conversation s'imposait pour le projet des *Essais* : disponible à toutes les nuances de l'expression, influencé par le latin et des usages dialectaux, c'est l'espace d'une « aventure » qui est aussi poétique.

François Dubois, *Le Massacre de la Saint-Barthélemy*, 1572, Musée des Beaux-Arts, Lausanne.

Repères chronologiques

L'auteur		Le contexte

	1492-1504	Voyages de Christophe Colomb en Amérique
	1515-1547	François Ier, roi de France
	1517	Début de la Réforme
	1532	Pantagruel, de Rabelais
Naissance de Montaigne ▶ 1533		
	1547-1559	Henri II, roi de France
	1549	Défense et illustration de la langue française, de Du Bellay
Études à Paris ▶ 1549-1556		
	1555-1560	Colonie de la France Antarctique fondée par Villegagnon dans la baie de Rio de Janeiro.
	1556	Formation de la Pléiade par Ronsard et ses amis.
Conseiller au Parlement de Bordeaux ▶ 1556-1570		
Rencontre avec Étienne de la Boétie ▶ 1557		
	1559	Édit français imposant aux protestants l'exil ou l'abjuration
	1560-1574	Charles IX, roi de France
	1562	Début des guerres de religion
Mort de La Boétie ▶ 1563		
Mariage avec Françoise de la Chassaigne ▶ 1565		
	1572	Massacre de la Saint-Barthélemy
	1574-1589	Henri III, roi de France
	1575	Les Singularités de la France antarctique, de Thévet
	1578	Histoire d'un voyage fait en la terre du Brésil, de Jean de Léry
Essais, livres I et II ▶ 1580		
Voyage en Italie ▶ 1580-1581		
Maire de Bordeaux ▶ 1581-1585		
Essais, livres I, II et III ▶ 1588		
	1589-1610	Henri IV, roi de France
Mort de Montaigne ▶ 1592		
Édition posthume des Essais, établie par Marie de Gournay ▶ 1595		
	1598	Édit de Nantes, fin des guerres de religion au xvie siècle

Lire...

Essais

« *Des Cannibales* » *(I, 31)*
« *Des coches* » *(III, 6)*

Michel de Montaigne
1580-1588

TEXTE INTÉGRAL

« *Chaque homme porte la forme entière de l'humaine condition.* »
Essais, III, 2

Des Cannibales

LIVRE I

Chapitre 31

Des Cannibales

Quand le roi Pyrrhus[1] passa en Italie, après qu'il eut reconnu l'ordonnance[2] de l'armée que les Romains lui envoyaient au-devant : « Je ne sais, dit-il, quels barbares sont ceux-ci (car les Grecs appelaient ainsi toutes les nations étrangères), mais la disposition de cette armée que je vois n'est aucunement barbare. » Autant en dirent les Grecs de celle que Flaminius[3] fit passer en leur pays, et Philippe[4], voyant d'un tertre[5] l'ordre et distribution du camp romain en son royaume, sous Publius Sulpicius Galba[6]. Voilà comment il se faut garder de[7] s'attacher aux opinions vulgaires[8], et les faut juger par la voie de la raison, non par la voix commune.

J'ai eu longtemps avec moi un homme qui avait demeuré dix ou douze ans en cet autre monde qui a été découvert en notre siècle[9], en l'endroit où Villegagnon prit terre, qu'il surnomma la France antarctique. Cette découverte d'un pays infini semble être de considération[10]. Je ne sais si je me puis répondre[11] qu'il ne s'en fasse à l'avenir quelque autre, tant

---

1. Pyrrhus Iᵉʳ, roi d'Épire et de Thessalie, affronta les Romains dans le sud de l'Italie, en 275 av. J.-C.

2. Eut examiné la disposition.

3. Général en chef de l'armée romaine (alors alliée aux cités grecques de la ligue achéenne) durant la seconde guerre macédonienne (200-197 av. J.-C.) qui chassa de Grèce Philippe de Macédoine.

4. Philippe V de Macédoine (238-179 av. J.-C.) : son règne marque l'apogée de la Macédoine hellénistique, jusqu'à sa défaite contre le consul Flaminius à la bataille de Cynoscéphales, en Thessalie, en 197 av. J.-C.

5. Butte de terre, petite colline.

6. Consul romain prédécesseur de Flaminius, ayant participé aux deux guerres macédoniennes contre Philippe V.

7. Veiller à ne pas.

8. Sens étymologique : « de la foule », commune, populaire.

9. Il s'agit du Brésil.

10. Une affaire d'importance.

11. Je ne suis pas certain que.

La France antarctique

L'amiral Villegagnon partit en 1555 pour fonder une colonie française au Brésil, dans la baie de l'actuelle Rio de Janeiro. L'expédition était soutenue par le roi Henri II et mandatée par l'amiral Coligny, qui y voyait un refuge possible pour les protestants français. Minée par des désaccords entre catholiques et protestants, la colonie fut attaquée par les Portugais en 1560, et disparut définitivement en 1567.

Essais • **13**

Des Cannibales

de personnages plus grands que nous ayant été trompés en celle-ci[1]. J'ai peur que nous ayons les yeux plus grands que le ventre, et plus de curiosité que nous n'avons de capacité. Nous embrassons tout, mais nous n'étreignons que du vent. Platon introduit[2] Solon[3] racontant avoir appris des prêtres de la ville de Saïs, en Égypte, que, jadis et avant le déluge, il y avait une grande île, nommée Atlantide, droit à la bouche[4] du détroit de Gibraltar, qui tenait plus de pays que l'Afrique et l'Asie toutes deux ensemble, et que les rois de cette contrée-là, qui ne possédaient pas seulement cette île mais s'étaient étendus dans la terre ferme si avant[5] qu'ils tenaient de la largeur d'Afrique jusqu'en Égypte et de la longueur de l'Europe jusqu'en la Toscane, entreprirent d'enjamber jusque sur l'Asie et subjuguer toutes les nations qui bordent la mer Méditerranée jusqu'au golfe de la mer Majeur[6] ; et, pour cet effet, traversèrent les Espagnes, la Gaule, l'Italie, jusqu'en la Grèce, où les Athéniens les soutinrent[7] ; mais que, quelque temps après, et les Athéniens et eux, et leur île furent engloutis par le déluge. Il est bien vraisemblable que cet extrême ravage d'eaux ait fait des changements étranges aux habitations[8] de la terre, comme on tient que la mer a retranché la Sicile d'avec l'Italie,

> *Ces terres, qui autrefois n'en formaient qu'une,*
> *Se sont écartées, séparées par un cataclysme vaste et violent ;*
>
> (Virgile, *Énéide*, III, 414)

Chypre d'avec la Syrie, l'île de Nègrepont[9] de la terre ferme de la Béotie[10], et joint ailleurs les terres qui étaient divisées, comblant de limon et de sable les fossés d'entre deux,

---

1. Ayant vu leurs certitudes démenties par cette découverte.
2. Met en scène.
3. Homme d'État et poète athénien (vers 640-vers 558 av. J.-C.).

4. Juste face à l'entrée.
5. Si loin.
6. Mer Noire.
7. Arrêtèrent.
8. Territoires peuplés.
9. L'Eubée, île de la mer Égée.
10. Région de Grèce.

● Le mythe de l'Atlantide

Platon écrit dans deux de ses dialogues, *Timée* et *Critias*, la légende de cette île fabuleuse qui aurait été engloutie. Il en fait une cité exemplaire et un mythe fondateur de la cité athénienne. Par cette histoire il donne une image ambivalente d'Athènes, à la fois championne de la liberté et comparable à l'Atlantide par sa volonté de domination maritime. Depuis, l'Atlantide a tant fasciné que l'on a cherché à prouver, en vain, son existence.

Des Cannibales

et un marais, longtemps stérile et battu par les rames,
Nourrit les villes voisines et endure le poids de la charrue.

(Horace, *Art poétique*, 65)

Mais il n'y a pas grande apparence[11] que cette île soit ce monde nouveau que nous venons de découvrir[12] ; car elle touchait quasi l'Espagne, et ce serait un effet incroyable d'inondation de l'en avoir reculée, comme elle est, de plus de douze cents lieues[13], outre ce que les navigations des modernes ont déjà presque découvert que ce n'est point une île, mais terre ferme et continente[14] avec l'Inde orientale[15] d'un côté, et avec les terres qui sont sous les deux pôles d'autre part ; ou, si elle en est séparée[16], que c'est d'un si petit détroit et intervalle qu'elle ne mérite pas d'être nommée île pour cela.

Il semble qu'il y ait des mouvements, naturels[17] les uns, les autres fiévreux, en ces grands corps[18] comme aux nôtres. Quand je considère l'impression[19] que ma rivière de Dordogne[20] fait de mon temps vers la rive droite de sa descente, et qu'en vingt ans elle a tant gagné et dérobé le fondement à[21] plusieurs bâtiments, je vois bien que c'est une agitation extraordinaire ; car, si elle fut toujours allée ce train, ou dût aller à l'avenir, la figure du monde serait renversée. Mais il leur prend des changements : tantôt elles s'épandent[22] d'un côté, tantôt elles se contiennent. Je ne parle pas des soudaines inondations de quoi nous manions[23] les causes. En Médoc[24], le long de la mer, mon frère, sieur d'Arsac, voit une sienne terre ensevelie sous les sables que la mer vomit devant elle ; le faîte[25] de certains

---

11. Il n'est guère vraisemblable.

12. Montaigne rejette, non sans humour, l'idée que le Nouveau Monde puisse être l'Atlantide.

13. Mesure de distance avant le système métrique. À l'époque de Montaigne, la lieue terrestre correspond à plus de 3 km.

14. Reliée à.

15. L'est du continent asiatique à l'époque de Montaigne.

16. L'existence des détroits de Béring et de Magellan n'est pas clairement établie à l'époque de Montaigne.

17. Réguliers, conformes à l'état de santé.

18. Les continents.

19. Pression.

20. Le château de Montaigne se trouve en Dordogne.

21. Fait s'écrouler les fondations de.

22. Se répandent.

23. Dont nous connaissons.

24. Région du Sud-Ouest de la France, au bord de l'Atlantique.

25. Le haut.

Essais • **15**

Des Cannibales

bâtiments paraît encore ; ses rentes[1] et domaines se sont échangés[2] en pacages[3] bien maigres[4]. Les habitants disent que, depuis quelque temps, la mer se pousse si fort vers eux qu'ils ont perdu quatre lieues de terre. Ces sables sont ses fourriers[5] ; et voyons des grandes montjoies d'arène[6] mouvante qui marchent d'une demi-lieue devant elle, et gagnent pays[7].

L'autre témoignage de l'Antiquité, auquel on veut rapporter cette découverte[8], est dans Aristote, au moins si ce petit livret *Des merveilles inouïes* est à lui[9]. Il raconte là que certains Carthaginois, s'étant jetés au travers de la mer Atlantique, hors le détroit de Gibraltar, et navigué longtemps, avaient découvert enfin une grande île fertile, toute revêtue de bois et arrosée de grandes et profondes rivières, fort éloignée de toutes terres fermes ; et qu'eux et autres depuis, attirés par la bonté et fertilité du territoire, s'y en allèrent avec leurs femmes et enfants, et commencèrent à s'y habituer[10]. Les seigneurs de Carthage, voyant que leur pays se dépeuplait peu à peu, firent défense expresse, sur peine de mort, que nul n'eût plus à aller là, et en chassèrent ces nouveaux habitants, craignant, à ce que l'on dit, que par succession de temps[11], ils ne vinssent à multiplier tellement qu'ils supplantassent[12] eux-mêmes et ruinassent leur État. Cette narration d'Aristote n'a non plus d'accord[13] avec nos terres neuves[14].

Cet homme que j'avais[15] était homme simple et grossier[16], qui est une condition propre à rendre véritable témoignage[17] ; car les

---

1. Terres louées par un seigneur et qui lui rapportent un revenu.
2. Changés.
3. Pâturages ou terrains en friche.
4. Qui rapportent peu.
5. Les signes avant-coureurs de la mer. Montaigne plaisante : les « fourriers » étaient des officiers chargés de préparer l'arrivée et l'accueil de personnages importants, qu'ils précédaient dans leurs déplacements.

6. Monceaux de sable.
7. Gagnent du terrain.
8. Relier cette découverte (de l'Amérique).
9. Ce traité est un recueil de notices décrivant des phénomènes merveilleux, des « on-dit ». Il n'est pas d'Aristote quoiqu'il lui ait été longtemps attribué.
10. Installer.
11. Au fil du temps.
12. Qu'ils les dépassent et prennent leur place.

13. Ne correspond pas non plus.
14. Montaigne s'oppose ici à ceux qui, au XVIᵉ siècle, assimilaient encore à l'Amérique cette terre décrite dans le traité du pseudo-Aristote.
15. Ce serviteur que j'avais chez moi.
16. Naturel, inculte.
17. Ce qui le rend mieux apte à dire la vérité sur ce qu'il a vu.

Des Cannibales

fines gens remarquent bien plus curieusement[18], et plus de choses, mais ils les glosent[19] et, pour faire valoir leur interprétation et la persuader, ils ne peuvent garder d'altérer[20] un peu l'histoire ; ils ne vous représentent jamais les choses pures[21], ils les inclinent et masquent selon le visage qu'ils leur ont vu, et, pour donner crédit à leur jugement et vous y attirer, prêtent volontiers[22] de ce côté-là à la matière, l'allongent et l'amplifient. Ou il faut un homme très fidèle, ou si simple qu'il n'ait pas de quoi bâtir[23] et donner de la vraisemblance à des inventions fausses, et qui n'ait rien épousé[24]. Le mien était tel, et, outre cela, il m'a fait voir à diverses fois plusieurs matelots et marchands qu'il avait connus en ce voyage. Ainsi je me contente de cette information[25], sans m'enquérir de[26] ce que les cosmographes[27] en disent.

Il nous faudrait des topographes[28] qui nous fissent narration particulière des endroits où ils ont été. Mais, pour avoir cet avantage sur nous d'avoir vu la Palestine[29], ils veulent jouir de ce privilège de nous conter nouvelles de tout le demeurant[30] du monde. Je voudrais que chacun écrivît ce qu'il sait, et autant qu'il en sait, non en cela seulement, mais en tous autres sujets : car tel peut avoir quelque particulière science ou expérience de la nature d'une rivière ou d'une fontaine[31], qui ne sait au reste[32] que ce que chacun sait. Il entreprendra toutefois, pour faire courir ce petit lopin[33],

---

18. Soigneusement.
19. Commentent.
20. S'empêcher de déformer.
21. Telles qu'elles sont.
22. Inventent, ajoutent.
23. Construire une histoire, inventer.
24. Qui n'ait épousé aucune cause, qui n'ait aucun intérêt à défendre.
25. Des informations qu'il m'a données.

26. Chercher à savoir.
27. Géographes.
28. Savants qui établissent mesures et cartes sur le terrain.
29. Allusion à André Thevet.
30. Reste.
31. Source.
32. Par ailleurs.
33. Pour mieux exploiter ce petit bout de savoir.

André Thevet (1516-1590)

Après un voyage en Orient entre 1549 et 1552, Thevet, cosmographe du roi, part avec Villegagnon vers le Brésil en 1555. Il n'y reste que quelques semaines car, tombé malade, il rentre en France. Il publie à son retour Les *Singularités de la France antarctique*, puis une *Cosmographie universelle*. Montaigne critique ici la prétention de Thevet à décrire l'univers entier à partir de ses seuls voyages.

Essais • 17

Des Cannibales

d'écrire toute la physique. De ce vice sourdent[1] plusieurs grandes incommodités.

Or je trouve, pour revenir à mon propos, qu'il n'y a rien de barbare ni de sauvage en cette nation[2], à ce qu'on m'en a rapporté, sinon que chacun appelle barbarie ce qui n'est pas de son usage. Comme de vrai, il semble que nous n'avons autre mire[3] de la vérité et de la raison que l'exemple et idée des opinions et usances[4] du pays où nous sommes. Là est toujours la parfaite religion, la parfaite police[5], parfait et accompli usage de toutes choses. Ils sont sauvages, de même que nous appelons sauvages les fruits que nature, de soi[6] et de son progrès ordinaire, a produits : là où, à la vérité, ce sont ceux que nous avons altérés[7] par notre artifice[8] et détournés de l'ordre commun que nous devrions appeler plutôt sauvages. En ceux-là[9] sont vives et vigoureuses les vraies et plus utiles et naturelles vertus et propriétés, lesquelles nous avons abâtardies en ceux-ci[10], et les avons seulement accommodées au plaisir de notre goût corrompu. Et si pourtant[11], la saveur même et la délicatesse se trouvent à notre goût excellentes, à l'envi des nôtres, en divers fruits de ces contrées-là sans culture[12]. Ce n'est pas raison que l'art[13] gagne le point d'honneur[14] sur notre grande et puissante mère nature. Nous avons tant rechargé[15] la beauté et richesse de ses ouvrages par nos inventions, que nous l'avons du tout[16] étouffée. Si est-ce[17] que, partout où sa pureté reluit, elle fait une merveilleuse honte à nos vaines et frivoles entreprises,

Le lierre pousse mieux de lui-même,
L'arbousier[18] ne croît jamais plus beau

---

1. Naissent.
2. Ici, les Cannibales du Brésil, c'est-à-dire les Tupinambas.
3. Moyen de voir, repère.
4. Usages.
5. Ordre politique, constitution.
6. Par elle-même.
7. Modifiés.
8. Art.
9. Ceux qui sont produits par la nature.
10. Ceux qui sont produits par l'homme.
11. Malgré tout.
12. Nous goûtons la saveur et la délicatesse des fruits naturels de ce pays, qui nous semblent même supérieurs aux nôtres.
13. La technique.
14. Soit plus honoré.
15. Rajouté à, chargé.
16. Totalement.
17. Toujours est-il.
18. Petit arbuste à fleurs rouges.

Des Cannibales

Que dans les antres solitaires,
Et le chant des oiseaux, sans art, n'en est que plus doux.

(Properce, I, 2, 10)

140   Tous nos efforts ne peuvent seulement arriver à représenter[19] le nid du moindre oiselet, sa contexture, sa beauté et l'utilité de son usage, non pas[20] la tissure de la chétive araignée. Toutes choses, dit Platon, sont produites par la nature, ou par la fortune[21], ou par l'art ; les plus grandes et plus belles, par l'une ou l'autre des deux premières ; les moindres et imparfaites par le dernier[22].

    Ces nations me semblent donc ainsi barbares pour avoir reçu fort peu de façon de[23] l'esprit humain, et être encore fort voisines de leur naïveté[24] originelle. Les lois naturelles leur commandent encore, fort peu abâtardies par les nôtres ; mais c'est en telle pureté qu'il
150 me prend quelquefois déplaisir de quoi la connaissance n'en soit venue plus tôt, du temps qu'il y avait des hommes qui en eussent su mieux juger que nous[25]. Il me déplaît que Lycurgue et Platon[26] ne l'aient eue, car il me semble que ce que nous voyons par expérience en ces nations-là surpasse non seulement toutes les peintures de quoi la poésie a embelli l'âge doré et toutes ses inventions à feindre[27] une heureuse condition d'hommes, mais encore la conception et le désir même de la philosophie. Ils n'ont pu imaginer une naïveté si pure et simple, comme nous la voyons par expérience, ni n'ont pu croire que notre société se pût maintenir avec si peu d'artifice
160 et de soudure humaine[28]. C'est une nation, dirais-je à Platon,

---

19. Imiter, reproduire.

20. Pas même.

21. Hasard.

22. Citation des *Lois* de Platon (livre X, 888ᵉ).

23. Ces nations me semblent barbares dans le sens où elles ont été peu façonnées par.

24. Simplicité naturelle.

25. Montaigne regrette ici que les Anciens n'aient pas eu connaissance d'une telle pureté.

26. Lycurgue est le législateur mythique de Sparte. Le philosophe athénien Platon, dans *La République*, rêve d'une société idéale.

27. Pour imaginer.

28. Relations de solidarité entre les hommes.

🔎 L'âge d'or

L'âge d'or est un mythe antique. Selon Hésiode, dans *Les Travaux et les Jours* (VIIIᵉ siècle av. J.-C.), l'humanité a connu cinq âges différents. Le premier, l'âge d'or, est une sorte de paradis perdu où les hommes ne connaissent que la paix. Ils vivent en harmonie parfaite avec la nature qui leur fournit d'elle-même tout ce dont ils ont besoin pour subsister.

Essais • 19

Des Cannibales

en laquelle il n'y a aucune espèce de trafic[1] ; nulle connaissance de lettres ; nulle science de nombres ; nul nom de magistrat ni de supériorité politique ; nul usage de service[2], de richesse ou de pauvreté ; nuls contrats ; nulles successions ; nuls partages ; nulles occupations qu'oisives[3] ; nul respect de parenté que commun ; nuls vêtements ; nulle agriculture ; nul métal ; nul usage de vin ou de blé. Les paroles mêmes qui signifient le mensonge, la trahison, la dissimulation, l'avarice, l'envie, la détraction[4], le pardon : inouïes[5]. Combien trouverait-il la république[6] qu'il a imaginée éloignée de cette perfection :

Hommes frais émoulus de la main des dieux.

(Sénèque, *Lettres à Lucilius,* XC)

Voilà les premières lois que donna la nature.

(Virgile, *Géorgiques,* II, 20)

---

1. Commerce.
2. Serviteurs.
3. Pour le loisir.
4. Médisance.

5. Sont inconnues. Les mots n'existent pas pour exprimer de telles idées.
6. Dans *La République* de Platon, Socrate et ses compagnons cherchent à imaginer un ordre politique idéal.

Explication de texte

1

« *Des Cannibales* »,
→ p. 18-19, l. 113 à 148

« Barbares » ? Mais dans quel sens ?

....

Les astérisques renvoient au lexique, p. 127.

SITUER

1 Comment, dès les premières lignes de l'essai, Montaigne a-t-il jeté le doute sur la notion de « barbarie » ? Quels critères de jugement a-t-il alors opposés l'un à l'autre ?

EXPLIQUER

La force du préjugé → l. 113-119

2 Quelle est l'intention de Montaigne, d'après la première phrase du texte ? La qualifieriez-vous de « provocatrice » et de « polémique* » ? Justifiez votre réponse en vous appuyant sur le texte.

3 Quelle faiblesse humaine Montaigne dénonce-t-il ?

4 N'est-il question que du jugement porté sur les Cannibales ?

Où est la sauvagerie ? → l. 119-129

5 Quel est l'intérêt de la comparaison avec les « fruits sauvages » ?

6 Si le langage est un piège qui sert trop facilement la « voix commune », comme le montre le terme « sauvage », il importe de rétablir la vérité. Sur quoi Montaigne se fonde-t-il pour ce faire ?

7 Relevez les formules exprimant un jugement de valeur. Que pensez-vous du ton* de Montaigne ?

Réhabiliter la Nature → l. 129-148

8 Comment Montaigne présente-t-il les relations entre la Nature et l'Art ?

9 Valorise-t-il la Nature ou l'Art ? À quoi le voit-on ?

10 Montaigne utilise le langage du lyrisme (Properce) et de la philosophie (Platon). Comment ces deux approches servent-elles son idée ?

CONCLURE

11 Quels défauts Montaigne reconnaît-il chez ceux qui proclament la « barbarie » des autres ?

Essais • 21

ÉTUDE DE LA LANGUE

- Relevez dans le texte des exemples de redondance*. Quels en sont les effets ?

Recherche : la « civilisation » humaine, un thème de réflexion antique

- Faites une recherche sur le mythe de l'âge d'or. À quel autre « âge » s'oppose-t-il particulièrement et pourquoi ?
- Quelle figure de la mythologie grecque est associée au progrès de la civilisation humaine et à la naissance des techniques ? En quoi ce personnage est-il ambivalent ?

Des Cannibales

Au demeurant, ils vivent en une contrée de pays très plaisante et bien tempérée, de façon qu'à ce que m'ont dit mes témoins[1] il est rare d'y voir un homme malade ; et m'ont assuré n'y en avoir vu aucun tremblant, chassieux[2], édenté, ni courbé de vieillesse. Ils sont assis[3] le long de la mer, et fermés[4] du côté de la terre de grandes et hautes montagnes, ayant entre deux cents lieues ou environ d'étendue en large. Ils ont grande abondance de poisson et de chairs[5] qui n'ont aucune ressemblance aux nôtres, et les mangent sans autre artifice que de les cuire. Le premier qui y mena un cheval, quoiqu'il les eût pratiqués[6] à plusieurs autres voyages, leur fit tant d'horreur en cette assiette[7] qu'ils le tuèrent à coups de traits[8] avant que le pouvoir reconnaître. Leurs bâtiments sont fort longs, et capables de deux ou trois cents âmes[9], étoffés d'écorce de grands arbres, tenant à terre par un bout et se soutenant et appuyant l'un contre l'autre par le faîte[10], à la mode de certaines de nos granges, desquelles la couverture pend jusqu'à terre et sert de flanc. Ils ont du bois si dur qu'ils en coupent et en font leurs épées et des grils à cuire leur viande[11]. Leurs lits sont d'un tissu de coton, suspendus contre le toit, comme ceux de nos navires, à chacun le sien ; car les femmes couchent à part des maris. Ils se lèvent avec le soleil, et mangent soudain[12] après s'être levés, pour toute la journée, car ils ne font autre repas que celui-là. Ils ne boivent pas alors, comme Suidas[13] dit de quelques autres peuples d'Orient qui buvaient hors du manger : ils boivent à plusieurs fois sur[14] jour, et d'autant[15]. Leur breuvage est fait de quelque racine, et est de la couleur de nos vins clairets[16]. Ils ne le boivent que tiède ; ce breuvage ne se conserve que deux ou trois jours ; il a le goût un

---

1. Montaigne dit s'appuyer ici sur des témoignages oraux de voyageurs.
2. Atteint de la chassie, affection jaunâtre du bord de l'œil.
3. Installés.
4. Leur territoire est coupé de l'intérieur des terres.
5. Viandes.
6. Fréquentés lors de.
7. En cette position, sur sa monture.

8. Flèches.
9. Pouvant abriter deux ou trois cents personnes.
10. Par leur extrémité.
11. Leurs aliments.
12. Aussitôt.
13. Auteur présumé d'une encyclopédie grecque de la fin du xe siècle intitulée *La Souda* ou *Suidas*.

14. Par.
15. Selon leur désir.
16. Vins légers, d'un rouge clair.

Essais • 23

Des Cannibales

peu piquant, nullement fumeux[1], salutaire à l'estomac, et laxatif à ceux qui ne l'ont accoutumé ; c'est une boisson très agréable à qui y est duit[2]. Au lieu du pain, ils usent d'une certaine matière blanche, comme de la coriandre confite. J'en ai tâté[3] : le goût en est doux et un peu fade. Toute la journée se passe à danser. Les plus jeunes vont à la chasse des bêtes avec des arcs. Une partie des femmes s'amuse cependant[4] à chauffer leur breuvage, qui est leur principal office[5]. Il y a quelqu'un des vieillards qui, le matin, avant qu'ils se mettent à manger, prêche en commun toute la grangée[6], en se promenant d'un bout à l'autre et redisant une même clause[7] à plusieurs fois, jusqu'à ce qu'il ait achevé le tour (car ce sont bâtiments qui ont bien cent pas de longueur). Il ne leur recommande que deux choses : la vaillance contre les ennemis et l'amitié à[8] leurs femmes. Et ne faillent jamais de remarquer cette obligation[9], pour leur refrain[10], que ce sont elles qui leur maintiennent leur boisson tiède et assaisonnée. Il se voit en plusieurs lieux, et entre autres chez moi[11], la forme de leurs lits, de leurs cordons[12], de leurs épées et bracelets de bois de quoi ils couvrent leurs poignets aux combats, et des grandes cannes, ouvertes par un bout, par le son desquelles ils soutiennent la cadence en leur danser. Ils sont ras[13] partout, et se font le poil beaucoup plus nettement que nous, sans autre rasoir que de bois ou de pierre. Ils croient les âmes éternelles, et celles qui ont bien mérité des dieux être[14] logées à l'endroit du ciel où le soleil se lève ; les maudites du côté de l'occident.

Ils ont je ne sais quels prêtres et prophètes, qui se présentent bien rarement au peuple, ayant leur demeure aux montagnes. À leur arrivée, il se fait une grande fête et assemblée solennelle de plusieurs villages (chaque grange, comme je l'ai décrite, fait un village, et est

---

1. Enivrant, qui monte à la tête.

2. Habitué.

3. Goûté.

4. S'occupe pendant ce temps.

5. Fonction.

6. Tous les habitants de la maison.

7. Chacun de ses propos.

8. Envers.

9. Ils ne manquent jamais de signaler ce sujet de reconnaissance.

10. Encore et encore, comme un refrain.

11. Montaigne possédait une collection d'objets brésiliens.

12. Bande de tissu ou petite corde.

13. Rasés.

14. Sont.

Des Cannibales

environ à une lieue française[15] l'une de l'autre). Ce prophète parle à
230 eux en public, les exhortant à la vertu et à leur devoir ; mais toute leur
science éthique[16] ne contient que ces deux articles[17] : de la résolution
à la guerre et affection à leurs femmes. Celui-ci[18] leur pronostique
les choses à venir et les événements qu'ils doivent espérer de leurs
entreprises, les achemine ou détourne de la guerre ; mais c'est par
tel si[19] que, où il faut[20] à bien deviner et s'il leur advient autrement
qu'il ne leur a prédit, il est haché en mille pièces s'ils l'attrapent, et
condamné pour faux prophète. À cette cause[21], celui qui s'est une
fois mécompté[22], on ne le voit plus.

C'est don de Dieu que la divination ; voilà pourquoi ce devrait être
240 une imposture punissable d'en abuser. Entre les Scythes[23], quand les
devins avaient failli de rencontre[24], on les couchait, enforgés[25] de
pieds et de mains, sur des chariots pleins de bruyère, tirés par des
bœufs, en quoi on les faisait brûler. Ceux qui manient les choses
sujettes à la conduite de l'humaine suffisance[26] sont excusables d'y
faire ce qu'ils peuvent. Mais ces autres, qui nous viennent pipant
des assurances[27] d'une faculté extraordinaire qui est hors de notre
connaissance, faut-il pas les punir de ce qu'ils ne maintiennent
l'effet de leur promesse[28] et de la témérité de leur imposture ?

Ils ont leurs guerres contre les nations qui sont au-delà de leurs
250 montagnes, plus avant en la terre ferme, auxquelles ils vont tout nus,
n'ayant autres armes que des arcs ou des épées de bois, apointées[29]
par un bout, à la mode des langues[30] de nos épieux. C'est chose
émerveillable[31] que de la fermeté de leurs combats, qui ne finissent
jamais que par meurtre et effusion de sang ; car, de routes[32] et d'effroi,

---

15. Soit un peu plus
de 3 km.
16. Morale, qui concerne
la façon de se conduire.
17. Points.
18. Ce prophète.
19. À cette condition.
20. Manque, échoue.
21. Pour cette raison.
22. Trompé.
23. Peuple ancien d'Asie
centrale.

24. Quand il arrivait que les
devins se trompent.
25. Attachés de fers.
26. Les choses soumises
à un savoir à la portée
des hommes.
27. Qui viennent nous
offrir des affirmations
mensongères.
28. De ce qu'ils ne tiennent
pas leurs promesses.
29. Taillées en pointe.

30. Pointes.
31. Étonnante.
32. Déroutes.

Essais • 25

Des Cannibales

ils ne savent que[1] c'est. Chacun rapporte pour son trophée la tête de l'ennemi qu'il a tué, et l'attache à l'entrée de son logis. Après avoir longtemps bien traité leurs prisonniers, et de toutes les commodités dont ils se peuvent aviser, celui qui en est le maître fait une grande assemblée de ses connaissants[2] ; il attache une corde à l'un des bras du prisonnier, par le bout de laquelle il le tient, éloigné de quelques pas de peur d'en être offensé[3], et donne au plus cher de ses amis l'autre bras à tenir de même ; et eux deux, en présence de toute l'assemblée, l'assomment[4] à coups d'épée[5]. Cela fait, ils le rôtissent et en mangent en commun, et en envoient des lopins[6] à ceux de leurs amis qui sont absents. Ce n'est pas, comme on pense, pour s'en nourrir – ainsi que faisaient anciennement les Scythes –, c'est pour représenter une extrême vengeance. Et qu'il soit ainsi[7], ayant aperçu que les Portugais, qui s'étaient ralliés à leurs adversaires, usaient d'une autre sorte de mort contre eux, quand ils les prenaient – qui était de les enterrer jusqu'à la ceinture, et tirer au demeurant du corps force coups de trait[8], et les pendre après –, ils pensèrent que ces gens-ci de l'autre monde[9], comme ceux qui[10] avaient semé la connaissance de beaucoup de vices parmi leur voisinage, et qui étaient beaucoup plus grands maîtres qu'eux en toute sorte de malice[11], ne prenaient pas sans occasion[12] cette sorte de vengeance, et qu'elle devait être plus aigre[13] que la leur, commencèrent de quitter leur façon ancienne pour suivre celle-ci. Je ne suis pas marri[14] que nous remarquons l'horreur barbaresque qu'il y a en une telle action, mais oui bien de quoi[15], jugeant bien de leurs fautes, nous soyons si aveuglés aux nôtres. Je pense qu'il y a plus de barbarie à manger un homme vivant qu'à le manger mort, à déchirer par tourments et par géhennes[16] un corps encore plein de sentiment[17],

---

1. Ce que.	**10.** Étant donné qu'ils.
2. Connaissances.	**11.** Méchanceté.
3. Blessé.	**12.** Cause.
4. Tuent.	**13.** Plus dure, plus cruelle.
5. Massue.	**14.** Fâché.
6. Morceaux.	**15.** Mais je suis fâché que.
7. Ce qui le prouve.	**16.** Tortures.
8. De nombreuses flèches.	**17.** Encore sensible, vivant.
9. L'Europe.	

Des Cannibales

le faire rôtir par le menu, le faire mordre et meurtrir aux chiens et aux pourceaux[18] (comme nous l'avons non seulement lu, mais vu de fraîche mémoire, non entre des ennemis anciens, mais entre des voisins et concitoyens, et, qui pis est, sous prétexte de piété et de religion), que de le rôtir et manger après qu'il est trépassé.

Théodore de Bry (1528-1598), *Scène d'anthropophagie*, 1591, gravure d'après Jacques Le Moyne de Morgues, Paris, musée de la Marine.

---

18. Cochons.

Les guerres de religion

Entre 1562 (massacre des protestants de Wassy) et 1598 (Édit de Nantes), la France est déchirée par des guerres successives entre armées catholiques, soutenues par le roi, et armées protestantes. Ces guerres s'accompagnent de violences extrêmes dont sont principalement victimes les protestants et dont le point culminant est le massacre de la Saint-Barthélemy (24 août 1572).

Essais • **27**

Explication de texte

2

« *Des Cannibales* »,
➔ p. 24 à 27, l. 249 à 277

Au jeu de la barbarie, qui est le maître ?

Les astérisques renvoient au lexique, p. 127.

SITUER

1 Montaigne nie-t-il ici la violence des Cannibales ? Justifiez.

2 Par quels arguments invite-t-il cependant à la reconsidérer ?

EXPLIQUER

Une description objective ➔ l. 249 à 265

3 Quels détails concrets peuvent paraître choquants à un lecteur européen dans cette description de la guerre des Cannibales ?

4 Relevez la seule expression d'étonnement explicite présente dans le texte. Sur quoi appelle-t-elle l'attention ?

5 En quoi la manière même qu'a ici Montaigne de rapporter ces coutumes peut-elle paraître étrange ou choquante à un lecteur européen ?

Un renversement ironique ➔ l. 265 à 277

6 Quelle est, selon Montaigne, la portée symbolique du cannibalisme ?

7 Comment la description précédente a-t-elle suggéré cette valeur symbolique ?

8 Expliquez la preuve que Montaigne avance pour justifier cette thèse*. Comment la forme du texte met-elle l'accent sur le caractère « raisonné » de la violence des Cannibales ?

9 Dans quel type de proposition grammaticale la violence des Portugais est-elle décrite ? Quel effet cela produit-il ?

Une barbarie plus que partagée ➔ l. 277 à 287

10 Qui est condamné par Montaigne à la fin du texte ? Quels facteurs aggravants Montaigne accumule-t-il pour dénoncer la violence des Européens ? Commentez la structure de la dernière phrase.

CONCLURE

11 Sur quoi les Européens se trompent-ils, d'après Montaigne ?

ÉTUDE DE LA LANGUE

- Commentez l'usage du présent dans le premier paragraphe. A-t-il toujours la même valeur ? Quel effet produit-il ?

ACTIVITÉ

Lecture d'image

- Gravure de Théodore de Bry (p. 27) : cette gravure remplit-elle la même fonction auprès d'un lecteur occidental que le texte de Montaigne ? Justifiez votre réponse.

Des Cannibales

Chrysippe et Zénon, chefs de la secte stoïque[1], ont bien pensé qu'il n'y avait aucun mal de se servir de notre charogne[2] à quoi que ce fût pour notre besoin, et d'en tirer de la nourriture ; comme nos ancêtres, étant assiégés par César en la ville d'Alésia[3], se résolurent de soutenir la faim de ce siège par les corps des vieillards, des femmes et autres personnes inutiles au combat.

Les Gascons, c'est connu, en usant de pareils aliments,
Ont prolongé leur vie.

(Juvénal, *Satires*, XV, 93)

Et les médecins ne craignent pas de s'en servir à toute sorte d'usage pour notre santé ; soit pour l'appliquer au-dedans ou au-dehors[4]. Mais il ne se trouva jamais aucune opinion si déréglée qui excusât la trahison, la déloyauté, la tyrannie, la cruauté, qui sont nos fautes ordinaires.

Nous les pouvons donc bien appeler barbares, eu égard aux règles de la raison, mais non pas eu égard à nous, qui les surpassons en toute sorte de barbarie. Leur guerre est toute noble et généreuse, et a autant d'excuse et de beauté que cette maladie humaine en peut recevoir ; elle n'a autre fondement parmi eux que la seule jalousie de la vertu[5]. Ils ne sont pas en débat[6] de la conquête de nouvelles terres, car ils jouissent encore de cette uberté[7] naturelle qui les fournit sans travail et sans peine de toutes choses nécessaires, en telle abondance qu'ils n'ont que faire d'agrandir leurs limites. Ils sont encore en cet heureux point de ne désirer qu'autant que leurs nécessités[8] naturelles leur ordonnent ; tout ce qui est au-delà est superflu pour eux. Ils s'entr'appellent généralement, ceux de même âge, frères ; enfants, ceux qui sont

---

1. Le stoïcisme est un courant philosophique né au IIIe siècle av. J.-C. Il incite, entre autres, à ne pas craindre la mort, puisqu'elle ne coexiste jamais avec nous.

2. Cadavre.

3. Allusion au siège de cette ville gauloise, en 52 av. J.-C.

4. Allusion à l'usage médical que l'on faisait de morceaux de momies.

5. Que le fait qu'elle permet de rivaliser de courage.

6. Ils ne se préoccupent pas de.

7. Fertilité, abondance.

8. De ne désirer que ce dont ils ont naturellement besoin.

Des Cannibales

au-dessous ; et les vieillards sont pères à[9] tous les autres. Ceux-ci laissent à leurs héritiers en commun cette pleine possession de biens par indivis[10], sans autre titre que celui tout pur[11] que nature donne à ses créatures, les produisant[12] au monde. Si leurs voisins passent les montagnes pour les venir assaillir et qu'ils emportent la victoire sur eux, l'acquêt[13] du victorieux, c'est la gloire, et l'avantage d'être demeuré maître[14] en valeur et en vertu ; car autrement ils n'ont que faire des biens des vaincus, et s'en retournent à leur pays, où ils n'ont faute[15] d'aucune chose nécessaire, ni faute encore de cette grande partie[16] : de savoir heureusement jouir de leur condition et s'en contenter. Autant en font ceux-ci à leur tour[17]. Ils ne demandent à leurs prisonniers autre rançon que la confession et reconnaissance d'être vaincus ; mais il ne s'en trouve pas un, en tout un siècle, qui n'aime mieux la mort que de relâcher, ni par contenance[18], ni de parole, un seul point d'une grandeur de courage invincible ; il ne s'en voie aucun qui n'aime mieux être tué et mangé que de requérir seulement de ne l'être pas. Ils les traitent en toute liberté[19], afin que la vie leur soit d'autant plus chère, et les entretiennent communément des menaces de leur mort future, des tourments qu'ils y auront à souffrir, des apprêts[20] qu'on dresse pour cet effet, du détranchement[21] de leurs membres et du festin qui se fera à leurs dépens. Tout cela se fait pour cette seule fin d'arracher de leur bouche quelque parole molle ou rabaissée, ou de leur donner envie de s'enfuir, pour gagner cet avantage de les avoir épouvantés et d'avoir fait force[22] à leur constance. Car aussi, à le bien prendre[23], c'est en ce seul point que consiste la vraie victoire :

il n'y a de victoire que celle qui, domptant son âme,
Contraint l'ennemi à s'avouer vaincu.

(Claudien, *Sixième Consulat d'Honorius* ;
cité par Juste Lipse, *Politiques*, V, 17)

---

9. De.
10. Sans division de l'héritage.
11. C'est-à-dire le titre d'homme.
12. En les mettant au monde.

13. La récompense.
14. De l'avoir emporté.
15. Ils ne manquent.
16. Qualité.
17. S'ils l'emportent, ils agissent de même.
18. Par son attitude.

19. Sans restrictions d'aucune sorte.
20. Préparatifs.
21. De la découpe.
22. D'avoir vaincu.
23. Si on le comprend bien.

Essais • 31

Des Cannibales

Les Hongrois, très belliqueux combattants, ne poursuivaient jadis leur pointe[1] outre avoir rendu l'ennemi à leur merci. Car, en ayant arraché cette confession, ils le laissaient aller sans offense[2], sans rançon, sauf, pour le plus[3], d'en tirer parole de ne s'armer dès lors en avant[4] contre eux.

Assez d'avantages gagnons-nous sur nos ennemis qui sont avantages empruntés, non pas nôtres[5]. C'est la qualité d'un portefaix[6], non de la vertu, d'avoir les bras et les jambes plus raides[7] ; c'est une qualité morte et corporelle que la disposition[8] ; c'est un coup de la fortune de faire broncher[9] notre ennemi et de lui éblouir les yeux par la lumière du soleil ; c'est un tour d'art et de science, et qui peut tomber en une personne lâche et de néant[10], d'être suffisant[11] à l'escrime. L'estimation et le prix d'un homme consistent au cœur et en la volonté ; c'est là où gît son vrai honneur ; la vaillance, c'est la fermeté non pas des jambes et des bras, mais du courage[12] et de l'âme ; elle ne consiste pas en la valeur de notre cheval, ni de nos armes, mais en la nôtre. Celui qui tombe obstiné en son courage, *s'il est tombé, combat à genoux* (Sénèque, *La Providence*, II). Qui, pour[13] quelque danger de la mort voisine, ne relâche aucun point de son assurance ; qui regarde encore, en rendant l'âme, son ennemi d'une vue ferme et dédaigneuse, il est battu non pas de nous, mais de la fortune ; il est tué, non pas vaincu.

Les plus vaillants sont parfois les plus infortunés. Aussi y a-t-il des pertes triomphantes à l'envi[14] des victoires. Ni ces quatre victoires sœurs[15], les plus belles que le soleil ait jamais vues de ses yeux, de Salamine, de Platées, de Mycale, de Sicile, n'osèrent jamais

---

1. Assaut.

2. Sans lui faire de mal.

3. Tout au plus.

4. À l'avenir.

5. Nous profitons de supériorités qui ne sont pas réellement de notre fait.

6. Celui qui porte des charges.

7. Solides, vigoureux.

8. Force physique.

9. Trébucher.

10. Basse, vile.

11. Habile.

12. Cœur.

13. Malgré.

14. Autant que.

15. Montaigne appelle « victoires sœurs » les victoires des Grecs sur les Perses et les Carthaginois, entre 480 et 478 av. J.-C. Les Grecs remportent ainsi la seconde guerre médique. C'est aussi durant cette guerre qu'eut lieu le sacrifice de Léonidas et de ses soldats.

Des Cannibales

opposer toute leur gloire ensemble à la gloire de la déconfiture du
roi Léonidas et des siens au pas[16] des Thermopyles.

Qui courut jamais d'une plus glorieuse envie et plus ambitieuse,
au gain d'un combat, que le capitaine Ischolas[17] à la perte ? Qui
plus ingénieusement et curieusement[18] s'est assuré de son salut,
que lui de sa ruine ? Il était commis[19] à défendre certain passage
du Péloponnèse contre les Arcadiens[20]. Pour quoi faire, se trouvant
du tout incapable[21], vu la nature du lieu et inégalité des forces, et
se résolvant que tout ce qui se présenterait aux ennemis aurait de
nécessité à y demeurer[22] ; d'autre part, estimant indigne et de sa
propre vertu et magnanimité, et du nom lacédémonien de faillir à sa
charge, il prit entre ces deux extrémités un moyen parti de telle sorte :
les plus jeunes et dispos de sa troupe, il les conserva à la tuition[23] et
service de leur pays, et les y renvoya ; et avec ceux desquels le défaut
était moindre[24], il délibéra de soutenir ce pas[25], et, par leur mort,
en faire acheter[26] aux ennemis l'entrée la plus chère qu'il lui serait
possible, comme il advint. Car, étant tantôt[27] environné de toutes
parts par les Arcadiens, après en avoir fait une grande boucherie,
lui et les siens furent tous mis au fil de l'épée. Est-il quelque trophée
assigné pour les vainqueurs qui ne soit mieux dû à ces vaincus ?

---

16. Passage.
17. Capitaine spartiate, lacédémonien, il sacrifia sa vie pour le bien de son pays en suivant l'exemple de Léonidas un siècle plus tôt.
18. Soigneusement.
19. Il avait pour mission de.
20. Peuple du Péloponnèse au nord de Sparte, ennemi des Lacédémoniens.
21. Totalement impuissant.
22. Tous ceux qui feraient face aux ennemis périraient nécessairement.
23. Défense.
24. Ceux dont la disparition serait moins grave.
25. Il décida de défendre ce passage.
26. Faire payer.
27. Peu après.

La bataille des Thermopyles

Cette bataille de la seconde guerre médique (480 av. J.-C.) est restée depuis un exemple d'héroïsme. Le roi Léonidas et son armée de 300 Spartiates, ainsi que 700 soldats de Thespies, firent face à l'armée d'invasion perse (forte d'au moins 70 000 hommes) dans le défilé des Thermopyles. Ils se sacrifièrent pour permettre au reste de l'armée grecque de battre en retraite.

Essais • 33

Des Cannibales

Le vrai vaincre a pour son rôle l'estour, non pas le salut[1] ; et consiste
l'honneur de la vertu à combattre, non à battre.

Pour revenir à notre histoire, il s'en faut tant que ces prisonniers
se rendent, pour[2] tout ce qu'on leur fait[3], qu'au rebours[4], pendant ces
deux ou trois mois qu'on les garde, ils portent une contenance[5] gaie ;
ils pressent leurs maîtres de se hâter de les mettre en cette épreuve[6] ;
ils les défient, les injurient, leur reprochent leur lâcheté et le nombre
des batailles perdues contre les leurs. J'ai une chanson faite par un
prisonnier, où il y a ce trait[7] : qu'ils viennent hardiment trétous[8] et
s'assemblent pour dîner de lui, car ils mangeront en même temps
leurs pères et leurs aïeux, qui ont servi d'aliment et de nourriture à
son corps. « Ces muscles, dit-il, cette chair et ces veines, ce sont les
vôtres, pauvres fous que vous êtes ! Vous ne reconnaissez pas que la
substance des membres de vos ancêtres s'y tient encore : savourez-les
bien, vous y trouverez le goût de votre propre chair. » Invention qui
ne sent aucunement la barbarie[9]. Ceux qui les peignent mourant[10],
et qui représentent cette action quand on les assomme, ils peignent
le prisonnier crachant au visage de ceux qui le tuent et leur faisant la
moue[11]. De vrai, ils ne cessent jusqu'au dernier soupir de les braver
et défier de parole et de contenance. Sans mentir, au prix de nous[12],
voilà des hommes bien sauvages ; car, ou il faut qu'ils le soient bien
à bon escient[13], ou que nous le soyons ; il y a une merveilleuse[14]
distance entre leur forme et la nôtre.

Les hommes y ont plusieurs femmes, et en ont d'autant plus grand
nombre qu'ils sont en meilleure réputation de vaillance ; c'est une
beauté remarquable en leurs mariages, que la même jalousie que
nos femmes ont pour nous empêcher de[15] l'amitié et bienveillance
d'autres femmes, les leurs l'ont toute pareille pour la leur acquérir.

---

1. La vraie victoire repose
sur le combat lui-même, pas
le fait de survivre. « Rôle »
a ici le sens de rouleau
de papier, sur lequel on
enregistre quelque chose.
2. Malgré.
3. Les prisonniers sont loin
d'abandonner leur courage
à cause de ce qu'on leur
fait.

4. Au contraire.
5. Ils affichent un air.
6. La mort.
7. Cette déclaration
frappante.
8. Tous.
9. Qui n'a rien de barbare.
10. Allusion aux gravures
illustrant les récits de
Thevet et de Léry.

11. Grimace que l'on fait
en allongeant les lèvres.
12. En comparaison avec
nous.
13. En réalité.
14. Étonnante.
15. Nous priver de.

Des Cannibales

Étant plus soigneuses de l'honneur de leurs maris que de toute autre chose, elles cherchent et mettent leur sollicitude[16] à avoir le plus de compagnes qu'elles peuvent, d'autant que c'est un témoignage de la vertu du mari.

Les nôtres crieront au miracle ; ce ne l'est pas ; c'est une vertu proprement matrimoniale, mais du plus haut étage[17]. Et, en la Bible, Léa, Rachel, Sara et les femmes de Jacob fournirent leurs belles servantes à leurs maris[18], et Livia[19] seconda les appétits d'Auguste à son intérêt[20], et la femme du roi Déjotarus[21], Stratonique, prêta non seulement à l'usage de son mari une fort belle jeune fille de chambre qui la servait, mais en nourrit[22] soigneusement les enfants, et leur fit épaule[23] à succéder aux états[24] de leur père.

Et, afin qu'on ne pense point que tout cela se fasse par une simple et servile obligation à leur usance[25] et par l'impression de l'autorité de leur ancienne coutume, sans discours[26] et sans jugement, et pour avoir[27] l'âme si stupide que de pouvoir prendre autre parti, il faut alléguer quelques traits de leur suffisance[28]. Outre celui que je viens de réciter de l'une de leurs chansons guerrières, j'en ai une autre, amoureuse, qui commence en ce sens : « Couleuvre, arrête-toi ; arrête-toi, couleuvre, afin que ma sœur tire sur le patron[29] de ta peinture la façon et l'ouvrage d'un riche cordon que je puisse donner à m'amie : ainsi soient en tout temps ta beauté et ta disposition préférées à tous les autres serpents. » Ce premier couplet, c'est le refrain de la chanson. Or j'ai assez de commerce[30] avec la poésie pour juger ceci que non seulement il n'y a rien de barbarie en cette imagination, mais qu'elle est tout à fait anacréontique[31].

---

16. Tout leur soin.

17. Du plus haut degré.

18. Allusion au livre de la Genèse : ces femmes, stériles, offrirent à leurs maris leurs servantes.

19. Épouse d'Auguste. Pour complaire à son mari, elle lui procura des maîtresses.

20. À son propre détriment.

21. Roi de Galatie (vers 105 av. J.-C.-42 av. J.-C.), région d'Asie mineure.

22. Éleva.

23. Les aida.

24. À hériter des biens.

25. Usages, mœurs.

26. Réflexion.

27. Ni parce qu'ils auraient. (Il s'agit des cannibales.)

28. Habileté, intelligence.

29. Le modèle des motifs de ta peau.

30. Fréquentation.

31. Dans le style d'Anacréon, poète grec du VIe siècle av. J.-C. Il a donné son nom à un genre de poésie : des poèmes souvent assez courts sur des sujets légers, dont l'expression se veut simple et gracieuse.

Des Cannibales

Leur langage, au demeurant, c'est un doux langage, et qui a le son agréable, retirant[1] aux terminaisons grecques.

Trois d'entre eux, ignorant combien coûtera un jour à leur repos et à leur bonheur la connaissance des corruptions de deçà[2], et que de ce commerce naîtra leur ruine, comme je présuppose qu'elle soit déjà avancée, bien misérables de s'être laissés piper[3] au désir de la nouvelleté et avoir quitté la douceur de leur ciel pour venir voir le nôtre, furent à Rouen[4], du temps que le feu roi Charles IX y était.

Le roi parla à eux longtemps ; on leur fit voir notre façon, notre pompe[5], la forme d'une belle ville. Après cela, quelqu'un en demanda leur avis et voulut savoir d'eux ce qu'ils y avaient trouvé de plus admirable. Ils répondirent trois choses, d'où j'ai perdu la troisième, et en suis bien marri[6] ; mais j'en ai encore deux en mémoire : ils dirent qu'ils trouvaient en premier lieu fort étrange que tant de grands hommes, portant barbe, forts et armés, qui étaient autour du roi (il est vraisemblable qu'ils parlaient des Suisses[7] de sa garde), se soumissent à obéir à un enfant[8], et qu'on ne choisissait plutôt quelqu'un d'entre eux pour commander ; secondement (ils ont une façon de leur langage[9] telle qu'ils nomment les hommes moitié les uns des autres) qu'ils avaient aperçu qu'il y avait parmi nous des hommes pleins et gorgés de toutes sortes de commodités[10], et que leurs moitiés étaient mendiants à leurs portes, décharnés de faim et de pauvreté, et trouvaient étrange comme ces moitiés-ci nécessiteuses pouvaient souffrir une telle injustice qu'ils ne prissent les autres à la gorge ou missent le feu à leurs maisons.

---

1. Ressemblant.
2. De ce côté-ci, de l'Europe.
3. Tromper par.
4. Sans doute en 1562.
5. Notre mode de vie, notre richesse.
6. Fâché.
7. Mercenaires suisses employés pour la garde du roi de France.
8. Charles IX a alors 12 ans.
9. Une manière de parler.
10. Richesses.

Charles IX (1550-1574)

Fils d'Henri II et de Catherine de Médicis, il régna de 1560 à 1574 – sa mère assura la régence jusqu'à sa majorité. Sous son règne, les troubles religieux dégénèrent en guerre civile et aboutissent au massacre de la Saint-Barthélemy, en 1572 : les catholiques assaillirent de nuit les protestants rassemblés à Paris pour les noces de Marguerite de Valois, sœur du roi, et du protestant Henri de Navarre, le futur Henri IV.

Des Cannibales

Je parlai à l'un d'eux fort longtemps ; mais j'avais un truchement[11] qui me suivait si mal et qui était si empêché à recevoir mes imaginations par sa bêtise, que je n'en pus tirer guère de plaisir. Sur ce que je lui demandai quel fruit[12] il recevait de la supériorité qu'il avait parmi les siens (car c'était un capitaine, et nos matelots le nommaient roi), il me dit que c'était marcher le premier à la guerre ; de combien d'hommes il était suivi, il me montra un espace de lieu pour signifier que c'était autant qu'il en pourrait[13] en un tel espace – ce pouvait être quatre ou cinq mille hommes ; si, hors la guerre, toute son autorité était expirée, il dit qu'il lui en restait cela que, quand il visitait les villages qui dépendaient de lui, on lui dressait des sentiers au travers des haies de leurs bois par où il pût passer bien à l'aise.

Tout cela ne va pas trop mal : mais quoi, ils ne portent point de hauts-de-chausses[14] !

Les Essais, I, 31, © Arléa, éd. Cl. Pinganaud, 2002.

---

11. Interprète.
12. Salaire, récompense.
13. Pourrait tenir.
14. Vêtements qui couvrent le corps de la ceinture au genou.
Symbole ironique ici de la civilisation.

Essais • **37**

Explication de texte 3

« Des Cannibales »,
→ p. 36 à 37, l. 446 à 482

Et les Cannibales en Europe, qu'en pensent-ils ?

Les astérisques renvoient au lexique, p. 127.

SITUER

En 1562, après un siège d'environ un mois, la ville de Rouen fut prise aux protestants, au nom du roi, par l'armée catholique du duc de Guise. Charles IX s'y rendit après cette victoire, et c'est dans ce contexte que Montaigne situe la rencontre avec les Cannibales.

1 Quel âge a alors le roi de France ? Comment traite-t-il les Cannibales ? Comment ceux-ci le considèrent-ils ?

2 Quelle est la position de Montaigne dans ce récit ?

EXPLIQUER

Des Cannibales à Rouen → l. 446 à 451

3 Comment Montaigne explique-t-il la présence de trois « Cannibales » à Rouen ?

4 Quel jugement personnel exprime-t-il dès la première phrase, éclairant tout le récit qui va suivre ?

5 Dans quelle position se trouve Montaigne ? Quelle force cela donne-t-il à son récit ?

Un peuple « fort étrange » → l. 452 à 468

6 Quelle question pose-t-on aux Cannibales ? En quoi le terme « admirable » est-il ambigu ?

7 Comment Montaigne aiguise-t-il la curiosité du lecteur ? Pour quelle raison, à votre avis, insiste-t-il sur le fait qu'il a oublié une des remarques des Cannibales ?

8 Qu'est-ce qui étonne les Cannibales ? Est-ce un simple étonnement ? Justifiez votre réponse.

Les privilèges d'un « roi » cannibale → l. 469 à 482

9 Pourquoi, selon vous, Montaigne précise-t-il son agacement envers l'interprète ? Que cela permet-il d'expliquer ?

10 Sur quel sujet Montaigne interroge-t-il le roi cannibale ?

11 Quelles réactions ou quels jugements pourrait susciter ce dialogue ?

12 Montaigne nous dit-il ce qu'il en pense pour sa part ?

CONCLURE

13 En quoi ce passage apporte-t-il une conclusion pertinente à l'essai tout entier ?

ÉTUDE DE LA LANGUE

● Étudiez les modes du discours rapporté* dans ce texte. Quels sont les effets des choix faits par Montaigne ?

ACTIVITÉ

Écrit d'appropriation

En respectant les éléments fournis par le texte, imaginez un récit plus développé que Montaigne ferait de son entretien avec le chef cannibale.

LIVRE III

Chapitre 6

Des coches

Il est bien aisé à vérifier que les grands auteurs, écrivant des causes[1], ne se servent pas seulement de celles qu'ils estiment être vraies, mais de celles encore qu'ils ne croient pas, pourvu qu'elles aient quelque invention[2] et beauté. Ils disent assez véritablement et utilement, s'ils disent ingénieusement. Nous ne pouvons nous assurer de la maîtresse[3] cause ; nous en entassons plusieurs, voir si par rencontre[4] elle se trouvera en ce nombre :

une seule cause ne suffit pas à faire le tour des possibilités :
Pourtant, de toutes ces causes, une seule sera la vraie.

(Lucrèce, *La Nature des choses*, VI, 703)

Me demandez-vous d'où vient cette coutume de bénir ceux qui éternuent ? Nous produisons trois sortes de vents : celui qui sort par en bas est trop sale ; celui qui sort par la bouche porte quelque reproche de gourmandise[5] ; le troisième est l'éternuement. Et parce qu'il vient de la tête et est sans blâme, nous lui faisons cet honnête recueil[6]. Ne vous moquez pas de cette subtilité[7] : elle est, dit-on, d'Aristote.

Il me semble avoir vu en Plutarque (qui est de tous les auteurs que je connaisse celui qui a mieux mêlé l'art à la nature et le jugement à

---

1. Au sujet des causes. Le propos de Montaigne est très général. Il pense sans doute à certains ouvrages antiques qui s'attachent à expliquer les causes des phénomènes les plus variés, de façon parfois farfelue, comme les *Problèmes* d'Aristote ou le traité *Des causes naturelles* de Plutarque.

2. Ingéniosité, originalité.
3. Principale.
4. Par hasard.
5. Signe qu'on a trop mangé, il pourrait donner lieu à des reproches.
6. Accueil.
7. Démonstration subtile.

Les coches

Terme générique pour désigner des véhicules de transport, aussi bien maritimes (bateaux) que terrestres (chars, chariots, litières).

la science), rendant[8] la cause du soulèvement d'estomac qui advient à ceux qui voyagent en mer, que cela leur arrive de[9] crainte, ayant trouvé quelque raison par laquelle il prouve que la crainte peut produire un tel effet. Moi, qui y suis fort sujet, sais bien que cette cause ne me touche pas, et le sais non par argument[10], mais par nécessaire[11] expérience. Sans alléguer ce qu'on m'a dit, qu'il en arrive de même souvent aux bêtes, et notamment aux pourceaux, hors de toute appréhension[12] de danger ; et ce qu'un mien connaissant[13] m'a témoigné de soi[14], qu'y étant fort sujet l'envie de vomir lui était passée deux ou trois fois se trouvant pressé de frayeur en grande tourmente, comme à cet ancien : *J'étais trop mal en mer pour que la peur me soit d'aucun secours* (Sénèque, *Lettres à Lucilius*, LIII) ; je n'eus jamais peur[15] sur l'eau, comme je n'ai aussi ailleurs (et s'en est assez souvent offert de justes[16], si la mort l'est) qui m'ait au moins[17] troublé ou ébloui. Elle naît parfois de faute[18] de jugement, comme de faute de cœur. Tous les dangers que j'ai vus, ç'a été les yeux ouverts, la vue libre, saine et entière ; encore faut-il du courage à craindre[19]. Il me servit autrefois, au prix[20] d'autres, pour conduire et tenir en ordre ma fuite, qu'elle fût sinon sans crainte, toutefois sans effroi et sans étonnement[21] ; elle était émue, mais non pas étourdie ni éperdue[22].

Les grandes âmes vont bien plus outre[23], et représentent[24] des fuites non rassises[25] seulement et saines, mais fières. Disons celle qu'Alcibiade[26] récite[27] de Socrate, son compagnon d'armes : « Je le trouvai (dit-il) après la déroute de notre armée, lui et Lachès[28], des derniers entre les fuyants ; et le considérai tout à mon aise et en sûreté, car j'étais sur un bon cheval et lui à pied, et avions ainsi combattu.

---

8. Donnant.
9. À cause de.
10. Par un raisonnement.
11. Qu'on ne peut contredire.
12. Sentiment, perception.
13. Un homme de ma connaissance.
14. Sur lui-même.
15. Montaigne ne dit pas qu'il n'a jamais eu peur, mais qu'il n'a jamais ressenti *une* peur qui lui trouble l'esprit et le corps.

16. Il s'en est souvent présenté de justes occasions.
17. Du moins.
18. D'un manque de.
19. Il faut du courage même dans la crainte.
20. En comparaison avec.
21. Stupeur.
22. Irréfléchie, désemparée.
23. Bien au-delà.
24. Donnent à voir.
25. Non seulement sereines.

26. Alcibiade (450-404 av. J.-C.), homme d'état et général athénien, fut, dans sa jeunesse, disciple de Socrate. Cette anecdote vient du *Banquet* de Platon.
27. Raconte à propos de.
28. Général athénien.

Des coches

Je remarquai premièrement combien il montrait d'avisement[1] et de résolution au prix de[2] Lachès, et puis la braverie de son marcher[3], nullement différent du sien ordinaire ; sa vue[4] ferme et réglée, considérant et jugeant ce qui se passait autour de lui, regardant tantôt les uns, tantôt les autres, amis et ennemis, d'une façon qui encourageait les uns et signifiait aux autres qu'il était pour[5] vendre bien cher son sang et sa vie à qui essaierait de la lui ôter ; et se sauvèrent ainsi : car volontiers on n'attaque pas ceux-ci ; on court après les effrayés. » Voilà le témoignage de ce grand capitaine, qui nous apprend, ce que nous essayons[6] tous les jours, qu'il n'est rien qui nous jette tant aux dangers qu'une faim inconsidérée de nous en mettre hors. *D'ordinaire, moins on a peur, moins on court de danger* (Tite-Live, XXII, 5). Notre peuple a tort de dire : celui-là craint la mort, quand il veut exprimer qu'il y songe et qu'il la prévoit. La prévoyance convient également à ce qui nous touche en bien et en mal. Considérer et juger le danger est en quelque sorte le rebours[7] de s'en étonner[8].

Je ne me sens pas assez fort pour soutenir le coup et l'impétuosité de cette passion de la peur, ni d'autre véhémente[9]. Si j'en étais un coup[10] vaincu et atterré[11], je ne m'en relèverais jamais bien entier. Qui[12] aurait fait perdre pied à mon âme ne la remettrait jamais droite en sa place ; elle se retâte[13] et recherche trop vivement et profondément, et pourtant[14] ne laisserait jamais ressouder[15] et consolider la plaie qui l'aurait percée. Il m'a bien pris qu'aucune maladie ne me l'ait encore démise[16]. À chaque charge[17] qui me vient, je me présente et oppose en mon haut appareil[18] ; ainsi, la première qui m'emporterait me mettrait sans ressource. Je n'en fais point à deux[19] ; par quelque endroit que le ravage faussât ma levée[20], me

---

1. D'intelligence et de prudence.

2. En comparaison avec.

3. La bravoure de sa démarche.

4. Regard.

5. Prêt à.

6. Vérifions.

7. Le contraire.

8. Émouvoir.

9. Ni d'une autre passion violente.

10. Une seule fois.

11. Terrassé, jeté à terre.

12. Ce qui.

13. S'examine, s'ausculte.

14. Pour cette raison.

15. Se refermer, cicatriser.

16. Déboîtée, abîmée.

17. Assaut d'une difficulté.

18. Avec toutes mes armes.

19. Je ne me prépare pas pour deux assauts, je n'ai pas de forces en réserve.

20. Quel que soit l'endroit où la crue enfonce ma digue.

Des coches

voilà ouvert et noyé sans remède. Épicure dit que le sage ne peut jamais passer à un état contraire[21]. J'ai quelque opinion de l'envers de cette sentence[22], que, qui aura été une fois bien fou ne sera nulle autre fois bien sage.

Dieu donne le froid selon la robe[23], et me donne les passions selon le moyen que j'ai de les soutenir[24]. Nature, m'ayant découvert d'un côté, m'a couvert de l'autre ; m'ayant désarmé de force, m'a armé d'insensibilité et d'une appréhension réglée ou mousse[25].

80 Or je ne puis souffrir longtemps (et les souffrais plus difficilement en jeunesse[26]) ni coche, ni litière[27], ni bateau ; et hais toute autre voiture[28] que de cheval[29], et en la ville et aux champs. Mais je puis souffrir la litière moins qu'un coche et, par même raison, plus aisément une agitation rude sur l'eau, d'où se produit la peur, que le mouvement qui se sent en temps calme. Par cette légère secousse que les avirons donnent, dérobant le vaisseau sous nous, je me sens brouiller, je ne sais comment, la tête et l'estomac, comme je ne puis souffrir sous moi un siège tremblant. Quand la voile ou le cours de l'eau nous emportent également[30], ou qu'on nous toue[31],

90 cette agitation unie ne me blesse aucunement : c'est un remuement interrompu qui m'offense[32], et plus quand il est languissant[33]. Je ne saurais autrement peindre sa forme. Les médecins m'ont ordonné de me presser et sangler d'une serviette le bas du ventre pour remédier à cet accident[34] ; ce que je n'ai point essayé, ayant accoutumé de lutter[35] les défauts qui sont en moi et les dompter par moi-même.

---

21. Devenir fou.
22. Qui est comme le reflet inverse de cette maxime.
23. Le vêtement.
24. À la mesure de mes moyens pour les supporter.
25. Émoussée.
26. Dans ma jeunesse.
27. Lit couvert, sur brancards, porté par deux chevaux.

28. Moyen de transport.
29. Que monter à cheval.
30. Sans heurt.
31. Remorque.
32. Me fait souffrir.
33. Sans énergie.
34. Problème occasionnel.
35. Lutter contre.

L'épicurisme

Épicure (vers 342-270 av. J.-C.), philosophe grec, est le fondateur de l'épicurisme. Ce courant philosophique est l'un des plus importants de l'Antiquité gréco-romaine. Son objectif est d'atteindre le bonheur en usant de la raison pour reconnaître les souffrances évitables et identifier les besoins essentiels de l'homme. La doctrine épicurienne est matérialiste et professe qu'il ne faut craindre ni la mort ni les dieux.

Essais • 43

Des coches

Si j'en avais la mémoire suffisamment informée[1], je ne plaindrais[2] mon temps à dire ici l'infinie variété que les histoires[3] nous présentent de l'usage des coches[4] au service de la guerre, divers selon les nations, selon les siècles, de grand effet[5] ce me semble, et nécessité[6] ; si[7] que c'est merveille que nous en ayons perdu toute connaissance. J'en dirai seulement ceci : que tout fraîchement[8], du temps de nos pères, les Hongrois les mirent très utilement en besogne[9] contre les Turcs, en chacun y ayant un rondellier et un mousquetaire[10], et nombre d'arquebuses rangées, prêtes et chargées : le tout couvert d'une pavesade[11] à la mode d'une galiote[12]. Ils faisaient front à leur bataille[13] de trois mille tels coches, et, après que le canon avait joué, les faisaient tirer avant[14] et avaler aux ennemis cette salve avant que de tâter[15] le reste, qui n'était pas un léger avancement[16] ; ou les décochaient[17] dans leurs escadrons pour les rompre et y faire jour[18], outre le secours qu'ils en pouvaient tirer pour flanquer en lieu chatouilleux[19] les troupes marchant en la campagne, ou à couvrir[20] un logis à la hâte et le fortifier. De mon temps, un gentilhomme, en l'une de nos frontières, impost[21] de sa personne et ne trouvant cheval capable de son poids, ayant une querelle, marchait par[22] pays en coche de même cette peinture[23], et s'en trouvait très bien. Mais laissons ces coches guerriers. Les rois de notre première race[24] marchaient en pays sur un chariot traîné par quatre bœufs.

---

1. Si j'avais mémorisé assez d'exemples à ce sujet.

2. N'épargnerais pas.

3. Récits historiques.

4. Ici, les chars de guerre.

5. Fort efficace.

6. Selon les besoins.

7. Si bien que.

8. Récemment.

9. Les utilisèrent.

10. Chacun portant un soldat avec bouclier et un soldat armé d'une arquebuse (arme à feu).

11. Rempart de pavois, de boucliers.

12. À la manière d'une galère, d'un vaisseau de guerre.

13. Ils formaient la première ligne de leur armée.

14. Vers l'avant.

15. Goûter au.

16. Ce qui n'était pas un avantage négligeable.

17. Lançaient à travers.

18. Percée.

19. Dangereux.

20. Pour servir de rempart à.

21. Impotent.

22. À travers.

23. Dans un coche comme je l'ai décrit, avec un rempart de boucliers.

24. Dynastie. Allusion aux Mérovingiens, premiers rois d'une partie de la France actuelle entre le ve et le viiie siècle.

Des coches

Marc-Antoine[25] fut le premier qui se fit mener à Rome, et une garce ménestrière[26] avec lui, par des lions attelés à un coche. Héliogabale[27] en fit depuis autant, se disant Cybèle[28], la mère des dieux, et aussi par des tigres, contrefaisant[29] le dieu Bacchus[30] ; il attela aussi parfois deux cerfs à son coche, et une autre fois quatre chiens, et encore quatre garces[31] nues, se faisant traîner par elles en pompe[32] tout nu. L'empereur Firmus[33] fit mener son coche à des autruches de merveilleuse grandeur, de manière qu'il semblait plus voler que rouler.

L'étrangeté de ces inventions me met en tête cette autre fantaisie : que c'est une espèce de pusillanimité[34] aux monarques, et un témoignage de ne sentir point assez ce qu'ils sont, de travailler à se faire valoir et paraître par dépenses excessives. Ce serait chose excusable en pays étranger, mais parmi ses sujets, où il peut tout, il tire de sa dignité le plus extrême degré d'honneur où il puisse arriver. Comme à un gentilhomme, il me semble qu'il est superflu de se vêtir curieusement[35] en son privé[36] ; sa maison, son train[37], sa cuisine répondent assez de lui[38].

Le conseil qu'Isocrate donne à son roi ne me semble sans raison : « Qu'il soit splendide[39] en meubles et ustensiles, d'autant que c'est une dépense de durée, qui passe jusqu'à ses successeurs ; et qu'il fuie toutes magnificences qui s'écoulent incontinent[40] et de l'usage, et de la mémoire. »

---

25. Marc-Antoine (83-30 av. J.-C.), homme d'Etat et général romain, fut un lieutenant de César. Après la mort de celui-ci, Marc-Antoine et Octave, ses héritiers, se partagèrent l'Empire romain. Ils finirent par s'affronter dans une guerre civile où Octave l'emporta.

26. Musicienne.

27. Empereur de Rome de 218 à 222, réputé cruel et dépravé.

28. Déesse orientale de la Nature dont le culte fut importé en Grèce et à Rome.

29. Imitant.

30. Dieu de la vigne, parfois représenté sur un char tiré par des fauves.

31. Jeunes femmes.

32. Solennellement.

33. Empereur romain qui régna quelques mois en 273.

34. Faiblesse de caractère.

35. Avec recherche.

36. En privé, chez lui.

37. Sa façon de vivre, ses dépenses courantes.

38. Témoignent assez de son rang.

39. Qu'il dépense beaucoup.

40. Qui disparaissent aussitôt.

Essais • 45

Des coches

J'aimais à me parer[1], quand j'étais cadet[2], à faute d'autre parure[3], et me seyait bien[4]. Il en est sur qui les belles robes pleurent[5]. Nous avons des comptes merveilleux[6] de la frugalité de nos rois autour de[7] leur personne et en leurs dons ; grands rois en crédit[8], en valeur et en fortune. Démosthène[9] combat à outrance[10] la loi de sa ville qui assignait les deniers publics aux pompes[11] des jeux et de leurs fêtes ; il veut que leur grandeur se montre en quantité de vaisseaux bien équipés et bonnes armées bien fournies.

Et a-t-on[12] raison d'accuser Théophraste[13] d'avoir établi, en son
150 livre *Des richesses*, un avis contraire, et maintenu telle nature de dépense être le vrai fruit de l'opulence[14]. Ce sont plaisirs, dit Aristote, qui ne touchent que la plus basse commune[15], qui s'évanouissent de mémoire aussitôt qu'on en est rassasié, et desquels nul homme judicieux et grave ne peut faire estime. L'emploite[16] me semblerait bien plus royale comme[17] plus utile, juste et durable en ports, en havres, fortifications et murs, en bâtiments somptueux, en églises, hôpitaux, collèges, réformation[18] de rues et chemins. En quoi le pape Grégoire XIII[19] a laissé sa mémoire recommandable de mon temps, et en quoi notre reine Catherine[20] témoignerait à longues années[21] sa
160 libéralité[22] naturelle et munificence[23] si ses moyens suffisaient à son affection. La fortune m'a fait grand déplaisir d'interrompre la belle

---

1. Bien m'habiller.
2. Jeune homme.
3. À défaut d'autres marques de distinction.
4. Cela m'allait bien.
5. Les beaux vêtements semblent affligés d'être portés si mal.
6. Des récits étonnants.
7. Pour.
8. Par la réputation.
9. Homme d'État athénien (384-322 av. J.-C.).
10. De toutes ses forces.
11. Célébrations fastueuses.
12. Et on a.

13. Philosophe athénien disciple d'Aristote (371-288 av. J.-C.).
14. Que les dépenses de cette nature sont la véritable marque de la richesse.
15. Le plus bas peuple.
16. Dépense.
17. Puisque.
18. Réfection, réparation.
19. Grégoire XIII fut pape de 1572 à 1585. Son pontificat fut marqué par de grands travaux de construction et d'embellissement à Rome.

20. Catherine de Médicis, mère du roi Henri III à l'époque de la rédaction des *Essais*. La remarque de Montaigne semble perfide.
21. Pour longtemps.
22. Générosité.
23. Largesse dans le don.

Des coches

structure du Pont-Neuf[24] de notre grande ville et m'ôter l'espoir avant de mourir d'en voir en train l'usage[25].

Outre ce[26], il semble aux sujets, spectateurs de ces triomphes, qu'on leur fait montre[27] de leurs propres richesses et qu'on les festoie à leurs dépens. Car les peuples présument volontiers des rois, comme nous faisons de nos valets, qu'ils doivent prendre soin de nous apprêter[28] en abondance tout ce qu'il nous faut, mais qu'ils n'y doivent aucunement toucher de leur part[29]. Et pourtant[30] l'empereur Galba, ayant pris plaisir à un musicien pendant son souper, se fit apporter sa boîte[31] et lui donna en sa main une poignée d'écus qu'il y pêcha avec ces paroles : « Ce n'est pas du public[32], c'est du mien. » Tant y a[33] qu'il advient le plus souvent que le peuple a raison, et qu'on repaît[34] ses yeux de ce de quoi il avait à paître son ventre. La libéralité même n'est pas bien en son lustre[35] en mains souveraines ; les privés[36] y ont plus de droit ; car, à le prendre exactement[37], un roi n'a rien proprement sien[38] ; il se doit soi-même à autrui.

La juridiction ne se donne point en faveur du juridiciant, c'est en faveur du juridicié[39]. On fait un supérieur non jamais pour son profit, mais pour le profit de l'inférieur, et un médecin pour le malade, non pour soi. Toute magistrature, comme tout art[40], jette sa fin[41] hors d'elle : *nul art n'est enfermé en soi-même* (Cicéron, *Les Fins*, V, 6).

Par quoi[42] les gouverneurs de l'enfance des princes, qui se piquent[43] à leur imprimer cette vertu de largesse et les prêchent[44] de ne savoir rien refuser et n'estimer rien si bien employé que ce qu'ils donneront (instruction que j'ai vue en mon temps fort en crédit[45]), ou ils regardent plus à leur profit qu'à celui de leur maître, ou ils

---

24. La construction du Pont-Neuf, commencée en 1578, fut interrompue de 1588 à 1598. Il ne fut achevé qu'en 1607.
25. De le voir en train d'être utilisé.
26. En plus de cela.
27. Qu'on leur donne en spectacle.
28. Fournir.
29. De leur côté.
30. Pour cette raison.

31. Coffre.
32. L'argent du peuple.
33. Toujours est-il.
34. Nourrit.
35. Ne brille pas de tout son éclat.
36. Simples particuliers.
37. Si l'on y réfléchit correctement.
38. Qui lui appartienne en propre.

39. On rend la justice, non dans l'intérêt du juge, mais dans celui du justiciable.
40. Technique, métier.
41. Finalité.
42. C'est pourquoi.
43. Se font fort de.
44. Leur recommandent.
45. Vantée, influente.

Essais • 47

Des coches

entendent[1] mal à qui ils parlent. Il est trop aisé d'imprimer[2] la
libéralité en celui qui a de quoi y fournir autant qu'il veut aux dépens
d'autrui. Et son estimation se réglant[3] non à la mesure du présent,
mais à la mesure des moyens de celui qui l'exerce, elle vient à être
vaine en mains si puissantes. Ils se trouvent prodigues avant qu'ils
soient libéraux[4]. Pourtant est-elle de peu de recommandation[5],
au prix[6] d'autres vertus royales, et la seule, comme disait le tyran
Denys[7], qui se comporte[8] bien avec la tyrannie même. Je lui[9]
apprendrais plutôt ce verset du laboureur ancien[10] : qu'*il faut, à qui
en veut retirer fruit, semer de la main, non pas verser du sac*[11] (Juste
Lipse, *L'Amphithéâtre*, VII, fin) – il faut épandre[12] le grain, non pas
le répandre ; et qu'ayant à donner ou, pour mieux dire, à payer et
rendre à tant de gens selon qu'ils l'ont desservi[13], il en doit être loyal
et avisé dispensateur. Si la libéralité d'un prince est sans discrétion[14]
et sans mesure, je l'aime mieux avare.

La vertu royale semble consister le plus en la justice ; et de
toutes les parties de la justice celle-là remarque[15] mieux les rois, qui
accompagne la libéralité ; car ils l'ont particulièrement réservée à
leur charge[16], là où toute autre justice, ils l'exercent volontiers par
l'entremise d'autrui. L'immodérée largesse est un moyen faible à
leur acquérir bienveillance ; car elle rebute plus de gens qu'elle n'en
pratique[17] : *Plus on l'exerce, moins on le peut. Quoi de plus fou que de
se rendre incapable de faire longtemps ce qu'on aime faire ?* (Cicéron,
Les Devoirs, II, 15). Et, si elle est employée sans respect du mérite,
fait vergogne[18] à qui la reçoit, et se reçoit sans grâce[19]. Des tyrans
ont été sacrifiés à la haine du peuple par les mains de ceux mêmes

---

1. Comprennent.
2. Imprimer dans le caractère, enseigner.
3. Sa valeur correspondant.
4. Ils sont plus vite reconnus comme dépensiers que généreux.
5. C'est pourquoi la générosité est peu digne de louanges.
6. En comparaison.

7. Denys l'Ancien (431-367 av. J.-C.), tyran de Syracuse.
8. S'accorde.
9. Au roi enfant.
10. Antique.
11. Cette citation est en grec dans le texte.
12. Étendre uniformément.
13. Mérité.
14. Discernement.
15. Distingue.

16. Car cette justice-là, en particulier, ils l'exercent personnellement.
17. Gagne.
18. Honte.
19. Gratitude.

Des coches

lesquels ils avaient iniquement avancés[20], telle manière[21] d'hommes estimant assurer la possession des biens indûment reçus en montrant avoir à mépris et haine[22] celui de qui ils les tenaient, et se ralliant au jugement et opinion commune en cela.

Les sujets d'un prince excessif en dons se rendent excessifs en demandes ; ils se taillent[23] non à la raison, mais à l'exemple. Il y a certes souvent de quoi rougir de notre impudence ; nous sommes surpayés selon justice quand la récompense égale notre service, car n'en devons-nous rien à nos princes d'obligation naturelle[24] ? S'il porte[25] notre dépense, il fait trop ; c'est assez qu'il l'aide ; le surplus s'appelle bienfait, lequel ne se peut exiger, car le nom même de libéralité sonne liberté. À notre mode, ce n'est jamais fait[26] ; le reçu ne se met plus en compte[27]. On n'aime la libéralité que future : par quoi plus un prince s'épuise en donnant, plus il s'appauvrit d'amis.

Comment assouvirait-il des envies qui croissent à mesure qu'elles se remplissent ? Qui a sa pensée[28] à prendre ne l'a plus à ce qu'il a pris. La convoitise n'a rien si propre[29] que d'être ingrate. L'exemple de Cyrus[30] ne duira[31] pas mal en ce lieu pour servir aux rois de ce temps de touche[32] à reconnaître leurs dons bien ou mal employés, et leur faire voir combien cet empereur les assenait[33] plus heureusement[34] qu'ils ne font. Par où[35] ils sont réduits à faire leurs emprunts sur[36] les sujets inconnus, et plutôt sur ceux à qui ils ont fait du mal que sur ceux à qui ils ont fait du bien ; et n'en reçoivent aides où il y ait

---

20. Qu'ils avaient injustement favorisés.
21. Cette sorte.
22. En montrant avoir du mépris et de la haine pour.
23. Se conforment.
24. Par l'obligation naturelle de les servir.
25. Si le prince supporte seul.
26. D'après notre manière de penser, il n'arrive jamais que la récompense égale le service rendu.
27. On ne compte plus ce qui a déjà été reçu.
28. Qui pense à.

29. Rien de plus essentiel.
30. Cyrus II, dit Cyrus le Grand (vers 559-530 av. J.-C.), fut le fondateur de l'Empire perse. L'historien grec Xénophon a écrit deux siècles plus tard la *Cyropédie*, une biographie de ce personnage dont il fait un souverain exemplaire. Montaigne y a trouvé l'anecdote qui suit.
31. Conviendra.
32. De critère pour.
33. Attribuait.
34. De manière plus réussie.
35. En conséquence de quoi.
36. À emprunter de l'argent à.

Essais • **49**

Des coches

rien de gratuit que le nom[1]. Crésus[2] lui[3] reprochait sa largesse et calculait à combien se monterait son trésor s'il eût eu les mains plus restreintes. Il eut envie de justifier sa libéralité, et, dépêchant[4] de
240 toutes parts vers les grands[5] de son État qu'il avait particulièrement avancés, pria chacun de le secourir d'autant d'argent qu'il pourrait à une sienne nécessité[6], et le lui envoyer par déclaration[7]. Quand tous ces bordereaux[8] lui furent apportés, chacun de ses amis, n'estimant pas que ce fût assez faire de lui en offrir autant seulement qu'il en avait reçu de sa munificence, y en mêlant du sien plus propre beaucoup[9], il se trouva que cette somme se montait bien plus que l'épargne de Crésus. Sur quoi lui dit Cyrus : « Je ne suis pas moins amoureux des richesses que les autres princes et en suis plutôt plus ménager[10]. Vous voyez à combien peu de mise[11] j'ai acquis le trésor inestimable
250 de tant d'amis ; et combien ils me sont plus fidèles trésoriers que ne seraient des hommes mercenaires sans obligation[12], sans affection, et ma chevance[13] mieux logée qu'en des coffres, appelant sur moi la haine, l'envie et le mépris des autres princes. »

Les empereurs tiraient excuse à la superfluité[14] de leurs jeux et montres[15] publiques de ce que leur autorité dépendait en quelque sorte (au moins par apparence) de la volonté du peuple romain, lequel avait de tout temps accoutumé[16] d'être flatté par telle sorte de spectacles et excès. Mais c'étaient particuliers[17] qui avaient nourri cette coutume de gratifier[18] leurs concitoyens et compagnons
260 principalement sur leur bourse par telle profusion et magnificence :

---

1. Ils reçoivent d'eux (ceux à qui ils empruntent) une aide qui n'a rien de « gratuit » malgré son nom. Allusion aux « dons gratuits », des contributions extraordinaires imposées à plusieurs reprises par Henri III aux parlements régionaux pour restaurer les finances publiques.
2. Crésus (vers 596-546 av. J.-C.), roi de Lydie en Asie Mineure.
3. À Cyrus.
4. Envoyant un message.

5. Les hauts personnages.
6. Pour un besoin qu'il avait.
7. D'en annoncer le montant.
8. Messages.
9. Mais y ajoutant beaucoup de ses propres biens.
10. Économe.
11. Avec quelle dépense minime.
12. Des employés rétribués qui ne me devraient rien.
13. Et comme mon patrimoine est.

14. Justifiaient l'inutilité.
15. Spectacles.
16. Eut coutume.
17. De simples particuliers. À l'époque républicaine, les riches citoyens assuraient les dépenses nécessaires à l'organisation de jeux et de festivités pour acquérir la bienveillance du peuple, gagner du prestige et de l'influence.
18. Faire plaisir à.

Des coches

elle eut tout autre goût quand ce furent les maîtres qui vinrent à l'imiter.

Enlever de l'argent à ses propriétaires légitimes pour le donner à des étrangers ne doit pas être regardé comme une libéralité (Cicéron, *Les Devoirs*, I, 14). Philippe[19], de ce que son fils essayait par présents de gagner la volonté des Macédoniens, l'en tança[20] par une lettre en cette manière : « Quoi ? As-tu envie que tes sujets te tiennent pour leur boursier[21], non pour leur roi ? Veux-tu les pratiquer[22] ? Pratique-les des[23] bienfaits de ta vertu, non des bienfaits de ton coffre. »

270 C'était pourtant une belle chose, d'aller faire apporter et planter en la place, aux arènes, une grande quantité de gros arbres, tous branchus et tous verts, représentant une grande forêt ombrageuse, départie[24] en belle symétrie, et, le premier jour, jeter là-dedans mille autruches, mille cerfs, mille sangliers et mille daims, les abandonnant à piller au peuple ; le lendemain, faire assommer[25] en sa présence cent gros lions, cent léopards et trois cents ours, et, pour le troisième jour, faire combattre à outrance[26] trois cents paires de gladiateurs, comme fit l'empereur Probus[27]. C'était aussi belle chose à voir ces grands amphithéâtres encroûtés[28] de marbre au-dehors,
280 labourés[29] d'ouvrages et statues, le dedans reluisant de plusieurs rares enrichissements,

> *Voici l'enceinte revêtue de pierreries, voici le portique enrichi d'or,*
>
> (Calpurnius, *Églogues*, VII, 47).

tous les côtés de ce grand vide remplis et environnés, depuis le fond jusqu'au comble, de soixante ou quatre-vingts rangs d'échelons[30], aussi de marbre, couverts de carreaux[31],

---

19. Philippe II (382-336 av. J.-C.), roi de Macédoine, père d'Alexandre le Grand.
20. Réprimanda.
21. Celui qui tient la bourse.
22. Te les concilier.
23. Par les.
24. Aménagée.
25. Tuer.

26. Jusqu'à la mort.
27. Marcus Aurelius Probus, empereur romain de 276 à 282. En 280 il organisa à Rome des jeux grandioses pour célébrer sa victoire contre les Germains.
28. Recouverts.
29. Agrémentés.
30. Gradins.
31. Coussins.

Essais • 51

Des coches

> *Dehors ! Tu n'as pas honte !*
> *Laisse les places réservées aux chevaliers*
> 290 *Si tu n'as pas de quoi le devenir ;*

(Juvénal, *Satires*, III, 153)

où se peuvent ranger cent mille hommes assis à leur aise ; et la place du fond, où les jeux se jouaient, la faire premièrement, par art[1], entrouvrir et fendre en crevasses représentant des antres qui vomissaient les bêtes destinées au spectacle ; et puis, secondement, l'inonder d'une mer profonde qui charriait force[2] monstres marins, chargée de vaisseaux armés à[3] représenter une bataille navale ; et, troisièmement, l'aplanir et assécher de nouveau pour le combat des gladiateurs ; et, pour la quatrième façon, la sabler de vermillon[4] et de 300 storax[5], au lieu d'arène[6], pour y dresser un festin solennel à tout ce nombre infini de peuple, le dernier acte d'un seul jour ;

> *que de fois avons-nous vu une partie de l'arène*
> *S'abaisser et, de ce gouffre, surgir des bêtes féroces,*
> *Et toute une forêt d'arbres à l'écorce dorée de safran !*
> *J'ai pu voir, aux théâtres, les monstres des forêts,*
> *Mais aussi des phoques au milieu des combats d'ours,*
> *Et le hideux troupeau des chevaux de mer.*

(Calpurnius, *Églogues*, VII, 64)

Quelquefois on y a fait naître une haute montagne, pleine de 310 fruitiers et arbres verdoyants, rendant par son faîte[7] un ruisseau d'eau, comme de la bouche d'une vive fontaine[8]. Quelquefois on y promena un grand navire, qui s'ouvrait et déprenait[9] de soi-même et, après avoir vomi de son ventre quatre ou cinq cents bêtes à combat, se resserrait[10] et s'évanouissait, sans aide. Autrefois, du bas de cette place, ils faisaient élancer des surgeons[11] et filets d'eau

---

1. Grâce à un mécanisme.
2. Qui portait avec elle de nombreux.
3. Pour.
4. Poudre de cinabre, de couleur rouge orangé.
5. Résine odoriférante.

6. Sable.
7. Versant par son sommet.
8. Source.
9. Se séparait, s'ouvrait tout seul.
10. Se refermait.
11. Jets.

Des coches

qui rejaillissaient contremont[12], et, à cette hauteur infinie, allaient arrosant et embaumant cette infinie multitude. Pour se couvrir de l'injure du temps[13], ils faisaient tendre cette immense capacité[14], tantôt de voiles de pourpre labourés[15] à l'aiguille, tantôt de soie d'une ou autre couleur, et les avançaient et retiraient en un moment, comme il leur venait en fantaisie[16] :

> *Bien qu'un soleil brûlant incendie l'amphithéâtre,*
> *On retire les voiles dès qu'Hermogène arrive.*
> (Martial, *Épigrammes*, XII, 29, 15)

Les rets[17] aussi qu'on mettait au-devant du peuple, pour le défendre de la violence de ces bêtes élancées, étaient tissus[18] d'or :

> *les rets aussi brillent de l'or dont ils sont tissés.*
> (Calpurnius, *Églogues*, VII, 53)

S'il y a quelque chose qui soit excusable en tels excès, c'est où l'invention et la nouveauté fournissent d'admiration[19], non pas la dépense.

En ces vanités mêmes nous découvrons combien ces siècles étaient fertiles d'autres esprits[20] que ne sont les nôtres. Il va de cette sorte de fertilité comme il fait de toutes autres productions de la nature. Ce n'est pas à dire qu'elle y ait alors employé son dernier effort[21]. Nous n'allons point, nous rôdons[22] plutôt, et tournoyons çà et là. Nous nous promenons sur nos pas. Je crains que notre connaissance soit faible en tous sens[23], nous ne voyons ni guère loin, ni guère arrière ;

---

12. Vers le haut.
13. Se protéger du soleil et des intempéries.
14. Espace.
15. Travaillés.
16. Selon leur envie. Le *velarium*, le voile qui recouvrait les gradins des théâtres romains, pouvait être ajusté selon les besoins.
17. Filets.

18. Tissés.
19. C'est ce que l'ingéniosité et l'originalité offrent d'admirable.
20. D'autres inventions.
21. Ce n'est pas pour dire que la Nature ait épuisé à cette époque-là tous les efforts qu'elle pouvait déployer dans cette direction.

22. Aller çà et là en cherchant quelque chose.
23. Dans toutes les directions, le futur comme le passé.

Essais • 53

Des coches

elle embrasse peu et vit peu, courte et en étendue de temps, et en étendue de matière :

> Il y a eu bien des héros avant Agamemnon[1],
> Mais nous ne les pleurons pas,
> Et une nuit profonde nous les cache.
>
> (Horace, *Odes*, IV, 9, 25)

> Bien avant la guerre de Troie, et la ruine de Troie,
> Il y a eu d'autres poètes pour chanter d'autres événements.
>
> (Lucrèce, *La Nature des choses*, V, 326)

Et la narration de Solon[2], sur ce qu'il avait appris des prêtres d'Égypte de[3] la longue vie de leur État et manière d'apprendre et conserver les histoires étrangères, ne me semble témoignage de refus en cette considération[4]. *Si nous pouvions voir, dans toutes ses parties, l'infini de l'espace et du temps où l'esprit se plonge et erre dans toutes les directions sans jamais rencontrer de borne à sa course, nous découvririons dans cette immensité une innombrable quantité de formes* (Cicéron, *La Nature des dieux*, I, 20).

Quand[5] tout ce qui est venu par rapport[6] du passé jusqu'à nous serait vrai et serait su par quelqu'un, ce serait moins que rien au prix[7] de ce qui est ignoré. Et de cette même image[8] du monde qui coule pendant que nous y sommes, combien chétive et raccourcie[9] est la connaissance des plus curieux[10] ! Non seulement des événements particuliers que fortune rend souvent exemplaires et pesants[11], mais de l'état des grandes polices et nations, il nous en échappe cent fois plus qu'il n'en vient à notre science. Nous nous écrions du miracle

---

1. Chef de l'armée grecque pendant la guerre de Troie. Cette guerre est le sujet de *L'Iliade* d'Homère.

2. Législateur et poète athénien (vers 640-vers 558 av. J.-C.), qui apprend des prêtres d'Égypte l'histoire d'Athènes et de l'Atlantide.

3. Au sujet de.

4. Ne me semble pas un témoignage à rejeter sur ce point.

5. Quand bien même.

6. Par des récits.

7. En comparaison.

8. Même de cette image.

9. Précaire et restreinte.

10. Savants, désireux de savoir.

11. De poids, considérables.

Des coches

de l'invention de notre artillerie, de notre impression[12] ; d'autres hommes, un autre bout du monde – à la Chine –, en jouissaient mille ans auparavant. Si nous voyions autant du monde comme nous n'en voyons pas[13], nous apercevrions, comme il est à croire, une perpétuelle multiplication et vicissitude[14] de formes. Il n'y a rien de seul[15] ni de rare eu égard à nature, oui[16] bien eu égard à notre
370 connaissance, qui est un misérable fondement de nos règles[17], et qui nous représente volontiers une très fausse image des choses. Comme vainement nous concluons aujourd'hui l'inclination[18] et la décrépitude du monde par les arguments que nous tirons de notre propre faiblesse et décadence,

> *Tant notre époque est affaiblie, et affaiblie la terre ;*
> (Lucrèce, *La Nature des choses*, II, 1136)

ainsi vainement concluait celui-là sa naissance et jeunesse par la vigueur qu'il voyait aux esprits de son temps, abondants en nouvelletés[19] et inventions de divers arts :

380
> *C'est que l'univers, je le pense, est neuf,*
> *Sa nature est jeune, sa naissance récente !*
> *C'est pourquoi certains arts n'ont pas fini de s'affiner*
> *Et s'améliorent encore. L'art de la navigation*
> *Vient de connaître bien des perfectionnements.*
> (Lucrèce, *La Nature des choses*, V, 331)

---

12. Imprimerie.
13. Si nous voyions toute la portion du monde qui échappe à notre vue.
14. Variation.
15. D'unique.
16. Mais.
17. Principes, lois.
18. Abaissement.
19. Nouveautés.

Inventions et réinventions

La poudre noire ou poudre à canon est un mélange de soufre, de salpêtre et de charbon de bois. Elle n'apparut en Europe qu'au XIIIe siècle, mais fut découverte en Chine dès le VIIe siècle. De même, des techniques d'imprimerie ont été utilisées, en Chine, dès le VIIe siècle (xylographie) alors que l'imprimerie européenne date du XVe siècle.

Essais • **55**

Explication de texte 4

« *Des coches* »,
➔ p. 53 à 55, l. 332 à 385

Le monde… qu'en savons-nous ?

Les astérisques renvoient au lexique, p. 127.

SITUER

1 Identifiez la situation de ce passage par rapport à l'ensemble de l'essai. Résumez la thèse de Montaigne en une phrase.

2 Quel lien peut-on établir avec le tout début de l'essai ?

EXPLIQUER

Les limites de la connaissance humaine ➔ l. 332 à 355

3 Quelles métaphores* corporelles Montaigne utilise-t-il pour représenter la faiblesse de l'esprit humain ? Comment l'homme apparaît-il alors ?

4 « Il va de cette sorte de fertilité, comme il fait de toutes autres productions de la nature. » (l. 333-334) Comment comprenez-vous cette phrase ? Que se passe-t-il dans l'ordre naturel qui vaut aussi pour les esprits humains ?

5 Quel rôle jouent ici les citations des auteurs anciens ?

Les illusions de l'ignorance ➔ (l. 356 à 385)

6 Montaigne commence par insister sur l'étendue de l'ignorance humaine. Montrez comment la réflexion passe d'une perspective théorique et générale à une perspective plus concrète basée sur l'expérience.

7 Quelles antithèses* soulignent la radicalité du jugement de Montaigne sur notre ignorance ?

8 Quelle tonalité* peut-on reconnaître dans l'utilisation du terme « miracle » (l. 363) ?

9 Quelles illusions diverses naissent de notre ignorance, selon Montaigne ?

10 Que remarquez-vous en comparant les deux citations de Lucrèce et ce qu'elles illustrent ? Leur rapprochement sert-il le propos de Montaigne ?

CONCLURE

11 Résumez, en choisissant trois expressions dans le texte, l'image déri-
soire que Montaigne donne ici de l'homme et de la connaissance humaine.

📖 ÉTUDE DE LA LANGUE

● « Nous nous écrions du miracle de l'invention de notre artillerie, de
notre impression ; d'autres hommes, un autre bout du monde – à la
Chine –, en jouissaient mille ans auparavant. » (l. 363-366) Quel mot
pourrait-on insérer après le point-virgule ? Le fait de ne pas coordon-
ner deux phrases, mais de laisser leur rapport s'établir implicitement,
de lui-même, s'appelle une asyndète. Quelle version de la phrase préfé-
rez-vous, et pourquoi ?

⭐ ACTIVITÉ

Argumentation orale ou écrite

« Je sais que je ne sais rien » était la devise de Socrate. Vous montrerez
dans un premier temps que Montaigne rejoint ici cette devise. Dans un second temps, vous évaluerez, avec vos propres arguments, le prix que l'on
peut accorder à la conscience des limites de la connaissance humaine.

Essais • **57**

Des coches

Notre monde vient d'en trouver un autre[1] (et qui nous répond[2] si c'est le dernier de ses frères, puisque les démons[3], les sibylles[4] et nous avons ignoré celui-ci jusqu'à maintenant ?), non moins grand, plein et membru[5] que lui, toutefois si nouveau et si enfant qu'on lui apprend encore son ABC ; il n'y a pas cinquante ans qu'il ne savait ni lettres, ni poids, ni mesure, ni vêtements, ni blés, ni vignes. Il était encore tout nu au giron[6], et ne vivait que des moyens de sa mère nourrice[7]. Si nous concluons bien de notre fin, et ce poète[8] de la jeunesse de son siècle, cet autre monde ne fera qu'entrer en lumière quand le nôtre en sortira. L'univers tombera en paralysie ; l'un membre sera perclus[9], l'autre en vigueur.

Bien crains-je[10] que nous aurons bien fort hâté sa déclinaison[11] et sa ruine par notre contagion, et que nous lui aurons bien cher vendu nos opinions et nos arts. C'était un monde enfant ; si ne l'avons-nous pas[12] fouetté et soumis à notre discipline par l'avantage de notre valeur et forces naturelles, ni ne l'avons pratiqué[13] par notre justice et bonté, ni subjugué[14] par notre magnanimité. La plupart de leurs réponses et des négociations faites avec eux témoignent qu'ils ne nous devaient rien en clarté d'esprit naturelle et en pertinence. L'épouvantable[15] magnificence des villes de Cuzco et de Mexico, et, entre plusieurs choses pareilles, le jardin de ce roi, où tous les arbres, les fruits et toutes les herbes, selon l'ordre et grandeur qu'ils ont en un jardin, étaient excellemment formés en or ; comme, en son cabinet[16], tous les animaux qui naissaient en son État et en ses mers ; et la beauté de leurs ouvrages en pierrerie, en plume, en coton, en la peinture montre qu'ils ne nous cédaient

---

1. L'Amérique.

2. Qu'est-ce qui nous assure.

3. Montaigne pense ici aux démons antiques, sortes de petits dieux, de génies bons ou mauvais.

4. Prophétesses de l'Antiquité.

5. Robuste.

6. Sur les genoux de sa mère ou de sa nourrice.

7. La Nature.

8. Lucrèce, philosophe et poète latin, épicurien, du Ier siècle av. J.-C.

9. Infirme, paralysé.

10. Je crains bien.

11. Déclin.

12. Pourtant nous ne l'avons pas.

13. Conquis son affection.

14. Impressionné, forcé son respect.

15. Formidable, impressionnante.

16. Pièce de travail et d'étude.

Des coches

non plus en l'industrie[17]. Mais quant à la dévotion, observance des lois, bonté, libéralité, loyauté, franchise, il nous a bien servi de n'en avoir pas tant qu'eux ; ils se sont perdus par cet avantage[18], et vendus et trahis eux-mêmes.

Quant à la hardiesse et courage, quant à la fermeté, constance, résolution contre les douleurs, et la faim, et la mort, je ne craindrais pas d'opposer[19] les exemples que je trouverais parmi eux aux plus fameux exemples anciens que nous ayons aux mémoires de notre monde par-deçà[20]. Car, pour ceux qui les ont subjugués[21], qu'ils ôtent les ruses et batelages[22] de quoi ils se sont servis à les piper[23], et le juste étonnement[24] qu'apportait à ces nations-là de voir arriver si inopinément des gens barbus, divers[25] en langage, religion, en forme et en contenance[26], d'un endroit du monde si éloigné et où ils n'avaient jamais imaginé qu'il y eût habitation quelconque, montés sur des grands monstres inconnus, contre ceux qui[27] n'avaient non seulement jamais vu de cheval, mais bête quelconque duite[28] à porter et soutenir homme ni autre charge ; garnis d'une peau luisante et dure et d'une arme tranchante et resplendissante, contre ceux qui, pour le miracle de la lueur d'un miroir ou d'un couteau, allaient échangeant une grande richesse en or et en perles, et qui n'avaient ni science ni matière par où tout à loisir[29] ils sussent percer notre acier ; ajoutez-y les foudres et tonnerres de nos pièces[30] et arquebuses, capables de troubler César même, qui l'en eût surpris autant inexpérimenté[31], et à cette heure[32], contre des peuples nus, si ce n'est où l'invention était arrivée de quelque tissu de coton, sans autres armes, pour le plus, que d'arcs, pierres, bâtons et boucliers de bois ; des peuples

---

17. Habileté technique.

18. Supériorité.

19. De comparer.

20. Dont nous ayons gardé mémoire de ce côté-ci de l'océan.

21. Soumis.

22. Tromperie, tour de bateleur, tour de passe-passe.

23. Pour les tromper.

24. Effroi, stupeur.

25. Différents d'eux.

26. Dans leur apparence et leur manière d'être.

27. Alors qu'eux, au contraire.

28. Dressée.

29. Aisément.

30. Pièces d'artillerie, canons.

31. Si on l'eût surpris en usant de ces armes qu'il ignorait tout autant.

32. De nos jours.

Essais • 59

Des coches

surpris[1], sous couleur d'amitié et de bonne foi, par la curiosité de voir des choses étrangères et inconnues : comptez, dis-je, aux conquérants cette disparité[2], vous leur ôtez toute l'occasion[3] de tant de victoires.

Théodore de Bry (1528-1598), *Extraction de l'or*, gravure, BNF, Paris.

---

1. Trompés, piégés.
2. Mettez au compte des conquérants cette inégalité des forces.
3. La seule cause.

Explication de texte 5

« *Des coches* »,
→ p. 58 à 60, l. 386 à 442

Le Nouveau Monde : une conquête à célébrer ?

Les astérisques renvoient au lexique, p. 127.

SITUER

1 Reportez-vous à la fin de l'essai, qui insiste sur la destruction du Nouveau Monde. Comment le début de ce texte, qui ouvre le sujet de l'Amérique, résonne-t-il avec cette fin ?

EXPLIQUER

Un « monde enfant » → (l. 385 à 396)

2 Relevez les termes qui filent la métaphore* du « monde enfant » et expliquez-les.

3 Est-elle employée de manière valorisante ou dévalorisante ?

Un monde si plein de promesses → l. 397 à 415

4 Vers quelle question s'oriente ensuite l'image de l'« enfance » ?

5 Montaigne utilise une série de négations pour décrire la domination acquise par l'Ancien Monde sur le Nouveau. Quel point commun peut-on reconnaître aux trois termes de cette énumération ?

6 Quel rôle joue la description du jardin du roi dans l'argumentation ? Quelle tonalité* introduit-elle ?

7 Remarquez les emplois répétés de l'adverbe « bien » (au début et à la fin de ce paragraphe). Quelle tonalité vous semble-t-il apporter ou renforcer ?

Une honteuse victoire → l. 416 à 442

8 Comment s'affirme l'engagement personnel de Montaigne dès le début de ce paragraphe ?

9 Quelle étape argumentative s'ouvre avec la conjonction « car » dans la deuxième phrase ? Relevez les passages où Montaigne adopte la vision des Amérindiens.

10 Comment qualifieriez-vous la tonalité* de cette période* ? Et celle de sa chute ?

Essais • **61**

CONCLURE

11 Quelles critiques Montaigne adresse-t-il aux conquérants du Nouveau Monde ?

ÉTUDE DE LA LANGUE

- Expliquez comment la dernière phrase du texte, par sa longueur, par sa construction, par son lexique, joue du début à la fin avec l'image du « bilan ».

ACTIVITÉ

Analyse des tonalités*

On peut trouver, sur une partition de musique, des indications de nuances et d'émotions pour guider l'interprétation – un peu comme dans un texte de théâtre. En parcourant la deuxième partie de l'essai, jusqu'à la fin, tâchez de noter les tonalités, les sentiments qui animent le texte. Jugez-vous le ton plutôt uniforme ou varié ? Diriez-vous que Montaigne est un auteur plutôt froid, ou qu'il fait intervenir l'émotion ? De manière plutôt emportée ou tenue ?

Des coches

Quand je regarde cette ardeur indomptable de quoi tant de milliers d'hommes, femmes et enfants se présentent et rejettent à tant de fois aux dangers inévitables pour la défense de leurs dieux et de leur liberté ; cette généreuse obstination de souffrir toutes extrémités[1] et difficultés, et la mort, plus volontiers que de se soumettre à la domination de ceux de qui ils ont été si honteusement abusés, et certains choisissant plutôt de se laisser défaillir par faim et par jeûne, étant pris, que d'accepter le vivre[2] des mains de leurs ennemis, si vilement victorieuses, je prévois que, à qui les eût attaqués pair à pair[3], et d'armes, et d'expérience, et de nombre, il y eût fait aussi dangereux[4], et plus, qu'en autre guerre que nous voyons.

Que n'est tombée sous Alexandre[5] ou sous ces anciens Grecs et Romains une si noble conquête, et une si grande mutation et altération[6] de tant d'empires et de peuples sous des mains qui eussent doucement poli et défriché ce qu'il y avait de sauvage, et eussent conforté et promu[7] les bonnes semences que nature y avait produites, mêlant non seulement à la culture des terres et ornement des villes les arts de deçà[8], en tant[9] qu'ils y eussent été nécessaires, mais aussi mêlant les vertus grecques et romaines aux originelles du pays ! Quelle réparation[10] eût-ce été, et quel amendement[11] à toute cette machine[12], que les premiers exemples et déportements[13] nôtres, qui se sont présentés par-delà, eussent appelé ces peuples à l'admiration et imitation de la vertu et eussent dressé entre eux et nous une fraternelle société et intelligence[14] ! Combien il eût été aisé de faire son profit[15] d'âmes si neuves, si affamées d'apprentissage, ayant pour la plupart de si beaux commencements naturels !

---

1. Extrêmes détresses.
2. Leur subsistance.
3. D'égal à égal.
4. Il y eût encouru autant de danger.
5. Alexandre le Grand (356-323 av. J.-C.), fils de Philippe II de Macédoine. À la tête d'une armée macédonienne et grecque,

il conquit l'empire perse en quelques années et s'avança jusqu'à la vallée de l'Indus.
6. Transformation, changement.
7. Développé.
8. De l'ancien continent.
9. Dans la mesure où.

10. Compensation, dédommagement.
11. Amélioration.
12. Entreprise.
13. Comportements.
14. Compréhension.
15. De faire fructifier, de tirer le meilleur parti.

Essais • **63**

Des coches

Au rebours, nous nous sommes servis de leur ignorance et
470 inexpérience à[1] les plier plus facilement vers la trahison, luxure, avarice, et vers toute sorte d'inhumanité et de cruauté, à l'exemple et patron[2] de nos mœurs. Qui mit jamais à tel prix le service de la mercadence[3] et du trafic ? Tant de villes rasées, tant de nations exterminées, tant de millions de peuples passés au fil de l'épée, et la plus riche et belle partie du monde bouleversée pour la négociation des perles et du poivre ! Mécaniques[4] victoires. Jamais l'ambition, jamais les inimitiés publiques[5] ne poussèrent les hommes les uns contre les autres à si horribles hostilités et calamités si misérables.

En côtoyant la mer à la quête de leurs mines, certains Espagnols
480 prirent terre en une contrée fertile et plaisante, fort habitée, et firent à ce peuple leurs remontrances[6] accoutumées : « Qu'ils étaient gens paisibles[7], venant de lointains voyages, envoyés de la part du roi de Castille, le plus grand prince de la terre habitable, auquel le pape, représentant Dieu en terre, avait donné la principauté[8] de toutes les Indes ; que, s'ils voulaient lui être tributaires[9], ils seraient très bénignement traités ; leur demandaient des vivres pour leur nourriture et de l'or pour le besoin de quelque médecine ; leur remontraient[10] au demeurant la créance d'un seul Dieu et la vérité de notre religion, laquelle ils leur conseillaient d'accepter, y ajoutant
490 quelques menaces. »

La réponse fut telle : « Que, quant à être paisibles, ils n'en portaient pas la mine[11] s'ils l'étaient ; quant à leur roi, puisqu'il demandait, il devait être indigent et nécessiteux ; et celui qui lui avait fait cette distribution[12], homme aimant dissension, d'aller donner à un tiers

---

1. Pour.
2. Sur le modèle.
3. Commerce.
4. Viles, brutales.
5. Entre les peuples.
6. Déclarations.
7. Pacifiques.
8. Le droit de gouverner.
9. Devenir ses sujets.
10. Déclaraient.
11. Ils n'en avaient pas l'air.
12. Le pape.

Le requerimiento

Le *requerimiento*, « sommation » en espagnol, est un texte rédigé en 1512 par un juriste du roi de Castille. Les conquistadores devaient le lire aux populations indiennes. Ce texte expliquait que le monde avait été créé par Dieu et confié au pape, et que celui-ci avait donné l'Amérique à l'Espagne. Les Indiens étaient donc sommés de se soumettre, sous peine d'être tués ou réduits en esclavage.

Des coches

chose qui n'était pas sienne pour le mettre en débat[13] contre les anciens possesseurs ; quant aux vivres, qu'ils leur en fourniraient ; d'or, ils en avaient peu, et que c'était chose qu'ils mettaient en nulle estime[14], d'autant qu'elle était inutile au service de leur vie, là où[15] tout leur soin regardait seulement à la passer heureusement et
500 plaisamment ; pourtant, ce qu'ils en pourraient trouver, sauf ce qui était employé au service de leurs dieux, qu'ils le prissent hardiment ; quant à un seul Dieu, le discours leur en avait plu, mais qu'ils ne voulaient changer leur religion, s'en étant si utilement servis si longtemps, et qu'ils n'avaient accoutumé prendre conseil que de leurs amis et connaissants ; quant aux menaces, c'était signe de faute de jugement d'aller menaçant ceux desquels la nature et les moyens[16] étaient inconnus ; ainsi qu'ils se dépêchassent promptement de vider[17] leur terre, car ils n'étaient pas accoutumés de prendre en bonne part les honnêtetés[18] et remontrances de gens armés et
510 étrangers ; autrement, qu'on ferait d'eux comme de ces autres », leur montrant les têtes de certains hommes justiciés[19] autour de leur ville. Voilà un exemple de la balbutie[20] de cette enfance. Mais tant y a[21] que, ni en ce lieu-là, ni en plusieurs autres où les Espagnols ne trouvèrent les marchandises qu'ils cherchaient, ils ne firent arrêt ni entreprise, quelque autre commodité qu'il y eût[22], témoin mes Cannibales.

---

13. En conflit.
14. Dont ils ne faisaient aucun cas.
15. Alors que.
16. Le caractère et les ressources.
17. Quitter.
18. Politesses.

19. Exécutés par décision de justice.
20. Des balbutiements.
21. Toujours est-il que.
22. Les Espagnols ne s'attardèrent pas, malgré les commodités des sites (Montaigne a décrit ces

villages indiens dans *Des Cannibales*), là où ils ne trouvèrent pas ce qu'ils cherchaient. Cela prouve, selon Montaigne, comment ils ont été reçus.

Essais • 65

Explication de texte

6

« Des coches »,
➦ p. 64 à 65, l. 479 à l. 516

Un accueil bien mérité ?

....

Les astérisques renvoient au lexique, p. 125.

SITUER

1 Quel est le statut de l'anecdote rapportée ici par Montaigne : est-elle historique ou fictive ?

EXPLIQUER

Une déclaration bien hypocrite ➦ l. 479 à 490

2 Dans la première phrase du texte, quels détails sont importants pour l'interprétation de ce qui suit ?

3 Quel(s) type(s) de discours rapporté* Montaigne utilise-t-il pour les « remontrances » des Espagnols ? Quel est l'effet produit ?

4 Quelles impressions les déclarations des conquistadores peuvent-elles donner au lecteur ? Montrez que Montaigne joue sur leur ordre, leur enchaînement et leurs multiples contradictions.

Une réponse sans détours ➦ l. 491 à 516

5 Comment s'organise la réponse des Indiens ? Quelle locution récurrente en scande le développement, introduisant presque chaque nouveau point ?

6 Quelles qualités peut-on reconnaître aux Indiens à travers cette réponse ? Sont-elles partagées par les Européens qui leur font face ?

7 Qui a finalement le dessus ? Quelle tonalité* reconnaissez-vous dans les deux dernières phrases du texte ?

8 Pourquoi Montaigne renvoie-t-il à son essai « Des Cannibales » ?

CONCLURE

9 Par quelles qualités essentielles la réplique des Espagnols et celle des Indiens s'opposent-elles ?

10 À la fin du texte, quel défaut Montaigne met-il ironiquement en lumière chez les conquérants Espagnols ?

ÉTUDE DE LA LANGUE

- Étudiez le rythme de la première section de la déclaration des Espagnols. Quelle figure de style peut-on y reconnaître ? Correspond-elle, dans la forme, au sens de leur discours ?

ACTIVITÉ

Recherche et étude de document

Faites une recherche sur internet et trouvez le texte du *requerimiento* en français. Montaigne, qui le pastiche, vous semble-t-il en donner un juste aperçu ? Percevez-vous dans ce texte les contradictions et les travers que Montaigne dénonce implicitement* ?

Des coches

Des deux les[1] plus puissants monarques de ce monde-là, et, à l'aventure[2], de celui-ci, rois de tant de rois, les derniers qu'ils en chassèrent, celui du Pérou[3], ayant été pris en une bataille et mis à une rançon si excessive qu'elle surpasse toute croyance, et celle-là fidèlement payée, et avoir donné[4] par sa conversation signe d'un courage franc, libéral et constant, et d'un entendement[5] net et bien composé, il prit envie aux vainqueurs – après en avoir tiré un million trois cent vingt-cinq mille cinq cents pesants[6] d'or, outre l'argent et autres choses qui ne montèrent pas moins[7], si[8] que leurs chevaux n'allaient plus ferrés que d'or massif – de voir encore, au prix de quelque déloyauté que ce fût, quel pouvait être le reste des trésors de ce roi, et jouir librement de ce qu'il avait réservé[9]. On lui aposta[10] une fausse accusation et preuve : qu'il desseignait[11] de faire soulever ses provinces pour se remettre en liberté. Sur quoi, par beau jugement de ceux mêmes qui lui avaient dressé cette trahison, on le condamna à être pendu et étranglé publiquement, lui ayant fait racheter le tourment[12] d'être brûlé tout vif par le baptême qu'on lui donna au supplice même. Accident[13] horrible et inouï, qu'il souffrit pourtant sans se démentir[14] ni de contenance ni de parole, d'une forme et gravité vraiment royales. Et puis, pour endormir les peuples étonnés et transis[15] de chose si étrange, on contrefit[16] un grand deuil de sa mort, et lui ordonna-t-on des somptueuses funérailles.

L'autre, roi de Mexico[17], ayant longtemps défendu sa ville assiégée et montré en ce siège tout ce que peut et la souffrance et la persévérance, si jamais prince et peuple le montrèrent, et son malheur l'ayant rendu vif[18] entre les mains des ennemis, avec

---

1. Parmi les deux.

2. Peut-être bien.

3. Atahualpa (vers 1500-1533) est le dernier empereur de l'Empire inca. Il fut exécuté par les Espagnols en 1533.

4. Après que ce roi eut donné.

5. Esprit, intelligence.

6. Pièce d'un poids défini par la loi.

7. D'un montant qui n'était pas moindre.

8. Si bien que.

9. Gardé pour lui, conservé.

10. On dressa contre lui.

11. Projetait.

12. La torture.

13. Événement.

14. Sans trahir sa dignité de roi.

15. Frappés de stupeur et glacés, pétrifiés.

16. On affecta, on feignit.

17. Cuauhtémoc (vers 1497-1525), dernier empereur aztèque après Moctezuma. Il fut capturé par Cortés en 1521 après le siège de Tenichtitlan et torturé, puis pendu en 1525.

18. Livré vivant.

Des coches

capitulation[19] d'être traité en roi (aussi[20] ne leur fit-il rien voir, en la prison, indigne de ce titre) ; ne trouvant point après cette victoire tout l'or qu'ils s'étaient promis, après avoir tout remué et tout fouillé, se mirent à en chercher des nouvelles[21] par les plus âpres géhennes[22] de quoi ils se purent aviser sur les prisonniers qu'ils tenaient. Mais, n'ayant rien profité[23], trouvant des courages plus forts que leurs tourments, ils en vinrent enfin à telle rage que, contre leur foi et
550 contre tout droit des gens, ils condamnèrent le roi même et l'un des principaux seigneurs de sa cour à la géhenne[24] en présence l'un de l'autre. Ce seigneur, se trouvant forcé de la douleur, environné de brasiers ardents, tourna sur la fin piteusement[25] sa vue vers son maître, comme pour lui demander merci[26] de ce qu'il n'en pouvait plus. Le roi, plantant fièrement et rigoureusement les yeux sur lui, pour reproche de sa lâcheté et pusillanimité, lui dit seulement ces mots, d'une voix rude et ferme : « Et moi, suis-je dans un bain ? Suis-je pas plus à mon aise que toi ? » Celui-là, soudain après, succomba aux douleurs et mourut sur la place. Le roi, à demi rôti,
560 fut emporté de là non tant par pitié (car quelle[27] toucha jamais des âmes qui, pour la douteuse information de quelque vase d'or à piller, fissent griller devant leurs yeux un homme, non qu'un[28] roi si grand et en fortune et en mérite ?), mais ce fut que sa constance rendait de plus en plus honteuse leur cruauté. Ils le pendirent depuis[29], ayant courageusement entrepris[30] de se délivrer par armes d'une si longue captivité et sujétion, où il fit sa fin digne d'un magnanime prince.

À une autre fois, ils mirent brûler pour un coup[31], en même feu, quatre cent soixante hommes tout vifs, les quatre cents du commun peuple, les soixante des principaux seigneurs d'une province,
570 prisonniers de guerre simplement. Nous tenons d'eux-mêmes ces

---

19. Garantie comme condition de capitulation.
20. Et à la vérité.
21. Des renseignements sur l'or.
22. Tortures.
23. N'en ayant rien tiré.
24. Torture.
25. D'un air pitoyable.
26. Grâce, pardon.
27. Quelle pitié.
28. Bien plus, un.
29. Après.
30. Alors qu'il avait entrepris.
31. En une seule fois.

● Le droit des gens

Cette expression vient du latin *ius gentium* (« droit des peuples »). Cette notion, qui existe depuis l'Antiquité, désigne les droits élémentaires à accorder aux membres des peuples étrangers, même ennemis.

Essais • **69**

Des coches

narrations, car ils ne les avouent pas seulement, ils s'en vantent et les prêchent[1]. Serait-ce pour témoignage de leur justice, ou zèle envers la religion ? Certes, ce sont voies trop diverses[2] et ennemies d'une si sainte fin. S'ils se fussent proposé d'étendre notre foi, ils eussent considéré que ce n'est pas en possession de terres qu'elle s'amplifie, mais en possession d'hommes, et se fussent trop contentés des meurtres que la nécessité de la guerre apporte, sans y mêler indifféremment une boucherie, comme sur des bêtes sauvages, universelle, autant que le fer et le feu y ont pu atteindre, n'en[3] ayant
580 conservé par leur dessein[4] qu'autant qu'ils en ont voulu faire de misérables esclaves pour l'ouvrage et service de leurs minières[5] ; si[6] que plusieurs des chefs[7] ont été punis à mort, sur les lieux de leur conquête, par ordonnance des rois de Castille, justement offensés de l'horreur de leurs déportements[8], et quasi tous désestimés et malvoulus[9]. Dieu a méritoirement[10] permis que ces grands pillages se soient absorbés par la mer en les transportant, ou par les guerres intestines de quoi ils se sont entremangés entre eux, et la plupart s'enterrèrent[11] sur les lieux, sans aucun fruit de leur victoire.

Quant à ce que la recette[12], et[13] entre les mains d'un prince
590 ménager et prudent[14], répond si peu à l'espérance qu'on en donna à ses prédécesseurs, et à cette première abondance de richesses qu'on rencontra à l'abord de ces nouvelles terres (car, encore qu'on en retire beaucoup, nous voyons que ce n'est rien au prix[15] de ce qui s'en devait attendre), c'est que l'usage de la monnaie était entièrement inconnu, et que par conséquent leur or se trouva tout assemblé[16], n'étant en autre service[17] que de montre et de parade, comme un meuble réservé[18] de père en fils par plusieurs puissants rois, qui épuisaient toujours leurs mines pour faire ce grand monceau de vases

---

1. Ils les donnent comme un exemple à suivre.
2. Éloignées, opposées.
3. De ces hommes.
4. Intentionnellement.
5. Mines.
6. Si bien.
7. Des chefs des conquistadores.

8. Exactions.
9. Disgraciés et voués à la détestation.
10. Justement.
11. Périrent et furent enterrés.
12. Les gains des conquêtes.
13. Même.
14. Philippe II d'Espagne.

15. En comparaison.
16. Réuni en un seul endroit.
17. N'étant pas employé autrement que pour.
18. Un bien conservé.

Des coches

et statues à l'ornement de leurs palais et de leurs temples, au lieu que notre or est tout en emploite[19] et en commerce. Nous le menuisons et altérons[20] en mille formes, l'épandons[21] et dispersons. Imaginons que nos rois amoncelassent ainsi tout l'or qu'ils pourraient trouver en plusieurs siècles, et le gardassent immobile.

Ceux du royaume de Mexico étaient un peu plus civilisés et plus artistes que n'étaient les autres nations de là[22]. Aussi jugeaient-ils, ainsi que nous, que l'univers fût proche de sa fin, et en prirent pour signe la désolation que nous y apportâmes. Ils croyaient que l'être du monde se départ[23] en cinq âges, et en la vie de cinq soleils consécutifs, desquels les quatre avaient déjà fourni leur temps[24], et que celui qui leur éclairait était le cinquième. Le premier périt avec toutes les autres créatures par universelle inondation d'eaux ; le second par la chute du ciel sur nous, qui étouffa toute chose vivante, auquel âge ils assignent les géants, et en firent voir aux Espagnols des ossements à la proportion desquels la stature des hommes revenait à vingt paumes de hauteur[25] ; le troisième par feu, qui embrasa et consuma tout ; le quatrième par une émotion[26] d'air et de vent qui abattit jusqu'à plusieurs montagnes ; les hommes n'en moururent point, mais ils furent changés en magots[27] (quelles impressions ne souffre la lâcheté de l'humaine croyance ![28]) ; après la mort de ce quatrième soleil, le monde fut vingt-cinq ans en perpétuelles ténèbres, au quinzième desquels fut créé un homme et une femme qui refirent l'humaine race ; dix ans après, à certain de leurs jours[29], le soleil parut, nouvellement créé. Et commence, depuis, le compte de leurs années par ce jour-là. Le troisième jour de sa création moururent les dieux anciens ; les nouveaux sont nés depuis, du jour à la journée[30]. Ce qu'ils estiment de la manière que ce dernier

---

19. Dépense.
20. Nous le divisons et le changeons.
21. Le répandons.
22. D'Amérique.
23. Divise.
24. Étaient déjà écoulés.
25. Des os proportionnellement auxquels la taille des

hommes géants de cette époque devait faire vingt paumes. La paume renvoie ici à une mesure de dix ou douze centimètres. Ces hommes auraient donc mesuré deux mètres ou davantage.
26. Un violent mouvement.
27. Singes.

28. Quelles convictions la faiblesse de la crédulité humaine n'est-elle prête à accepter !
29. Un jour précis de leur calendrier.
30. Au fil du temps.

Essais • 71

Des coches

soleil périra, mon auteur[1] n'en a rien appris. Mais leur nombre[2] de ce quatrième changement rencontre[3] à cette grande conjonction[4] des astres qui produisit, il y a huit cents tant d'ans, selon que les astrologiens[5] estiment, plusieurs grandes altérations[6] et nouvelletés au monde.

Quant à la pompe et magnificence par où je suis entré en ce propos, ni Grèce, ni Rome, ni Égypte ne peuvent, soit en utilité, ou difficulté, ou noblesse, comparer aucun de leurs ouvrages au chemin qui se voit au Pérou, dressé par les rois du pays, depuis la ville de Quito jusqu'à celle de Cuzco[7] (il y a trois cents lieues), droit, uni, large de vingt-cinq pas, pavé, revêtu de côté et d'autre de belles et hautes murailles, et le long de celles-ci, par le dedans, deux ruisseaux pérennes[8], bordés de beaux arbres qu'ils nomment *molly*[9]. Où ils ont trouvé des montagnes et rochers, ils les ont taillés et aplanis, et comblé les fondrières de pierre et chaux. Au chef de chaque journée[10], il y a de beaux palais fournis de vivres, de vêtements et d'armes, tant pour les voyageurs que pour les armées qui ont à y passer. En l'estimation de cet ouvrage, j'ai compté la difficulté, qui est particulièrement considérable en ce lieu-là. Ils ne bâtissaient point de moindres pierres que de dix pieds[11] en carré ; ils n'avaient autre moyen de charrier[12] qu'à force de bras, en traînant leur charge ;

---

1. Il s'agit de Lopez de Gomara, dont Montaigne exploite dans tout ce développement *L'Histoire générale des Indes* (1552 pour l'édition espagnole, et 1568 pour la première traduction française).

2. Calcul.

3. Correspond.

4. La rencontre de plusieurs planètes dans une même région du zodiaque. Elles apparaissent alors très proches depuis la Terre.

5. Astronomes.

6. Changements.

7. Cuzco, située au Pérou, dans la cordillère des Andes, était la capitale de l'Empire inca.

8. Intarissables.

9. Dans l'*Odyssée* (X, 305), plante magique qu'Hermès donne à Ulysse pour le protéger des sortilèges de la magicienne Circé.

10. Au bout de chaque journée de voyage, de chaque étape.

11. Ancienne unité de longueur (environ 30 centimètres).

12. Transporter une charge.

Les chemins incas

Les Incas avaient construit, pour contrôler leur immense empire, un réseau de routes pavées s'étendant de Quito, au Nord, (actuel Équateur) jusqu'à l'actuelle Santiago (Chili), en passant par la capitale, Cuzco. Ces routes traversaient les Andes, montant jusqu'à plus de 5 000 m d'altitude. Elles s'étendaient sur plus de 30 000 km et étaient jalonnées de différents sites de ravitaillement.

Des coches

et pas seulement[13] l'art d'échafauder, n'y sachant autre finesse[14] que de hausser autant de terre contre leur bâtiment, comme il s'élève, pour l'ôter après.

Retombons à nos coches. En leur place[15], et de toute autre voiture, ils se faisaient porter par les hommes et sur leurs épaules. Ce dernier roi du Pérou, le jour qu'il fut pris, était ainsi porté sur des brancards d'or, et assis dans une chaise d'or, au milieu de sa bataille[16]. Autant qu'on tuait de ces porteurs pour le faire choir à bas[17] (car on le voulait prendre vif), autant d'autres, et à l'envi[18], prenaient la place des morts, de façon qu'on ne le put jamais abattre, quelque meurtre qu'on fît de ces gens-là, jusqu'à ce qu'un homme de cheval[19] l'alla saisir au corps, et l'avala[20] par terre.

Les Essais, III, 6, éd. Cl. Pinganaud, © Arléa, 2002.

---

13. Même pas.
14. Ruse.
15. Au lieu de coches.
16. Son armée.
17. Tomber.

18. À qui mieux mieux, sans arrêt.
19. Francisco Pizarro, un conquistador.
20. Le renversa.

Essais • 73

LE DOSSIER
du lycéen

▶ **Structure de l'œuvre** 76
▶ **Testez votre lecture** 80
▶ **Comprendre l'œuvre** 82
    1. Une réflexion sur l'homme 82
    2. Une écriture du mouvement et de la liberté 84

▶ **Explorer le parcours associé :**
Notre monde vient d'en trouver un autre

LES THÈMES

    1. Une rencontre qui tourne au désastre 86
     ● Lecture d'image 89
    2. Montaigne et ses sources 90
     ● Lecture d'image 92

GROUPEMENTS DE TEXTES

▶ **❶ Le cannibalisme sous toutes ses formes**
    1. Jean de Léry, *Histoire d'un voyage*
    fait en la terre du Brésil, 1578 93

    2. Voltaire, *Dictionnaire philosophique*, 1764 96

    3. Jonathan Swift, *Modeste proposition pour empêcher*
    les enfants des pauvres..., 1729 98

    4. Claude Lévi-Strauss, *Nous sommes tous*
    des cannibales, 2013 100

    5. Paul-Émile Victor, « Mes amis les Esquimaux », 1954 102

▶ **❷ Le regard étranger**
    1. Lucien de Samosate, *Anacharsis*, IIe siècle 105

    2. Montesquieu, *Lettres persanes*, 1721 108

    3. Denis Diderot, *Supplément au voyage*
    de Bougainville, 1772 110

    4. Carlos Fuentes, « Les deux rives », 1993 112

    5. Claude Lévi-Strauss, *Tristes Tropiques*, 1955 114

▶ **Vers le BAC**
    ● Sujets de dissertation 116
    ● L'oral du BAC 121
▶ **Lexique** 127
▶ **Conseils de lecture** 129

Structure de l'œuvre

Les astérisques renvoient au lexique, p. 127.

« DES CANNIBALES »	
PARTIE INTRODUCTIVE	
L. 1-10, p. 13	**L'introduction** part d'**exemples*** antiques qui prouvent la méfiance à avoir envers le mot « barbare ».
L. 11-85, p. 10-13	Montaigne pose la **question de l'identification de l'Amérique** avec des terres mentionnées par les auteurs antiques : Platon (l'Atlantide) et Aristote (l'île colonisée par les Carthaginois). C'est une identification qu'il refuse.
L. 86-112, p. 16-18	Il présente **sa source de renseignements**, des témoins directs qu'il préfère aux cosmographes.
1. THÈSE EXPLICITE* : **Les cannibales sont bien moins « barbares » que les Européens.**	
L. 113-174, p. 18-20	Montaigne nie la « barbarie » (dans un sens péjoratif) des Indiens du Brésil. Il préfère l'emploi, avec une connotation positive, du mot « sauvage ». Il vante **leur proximité avec la Nature**, bien supérieure à l'art des Européens. Leur mode de vie surpasse même les rêves poétiques et philosophiques des Anciens : l'âge d'or ou les républiques idéales.
L. 175-248, p. 23-25	Suit un **développement ethnographique*** sur le mode de vie des Indiens (contrée, habitudes alimentaires, habitations, occupations quotidiennes et source de subsistance, hiérarchie sociale, éthique, artisanat, religion et divination).
L. 249-301, p. 25-27	Montaigne aborde ensuite la **question de la violence**, de la guerre et du cannibalisme. La comparaison avec les Européens se fait au détriment de ces derniers.
2. THÈSE IMPLICITE* : **Les cannibales vaincus sont plus courageux et ont plus d'honneur que les Européens.**	
L. 302-411, p. 30-34	La comparaison implicite se poursuit dans l'**éloge de la guerre chez les Cannibales**, de leur absence de convoitise dans la victoire et de leur courage exceptionnel dans la défaite. Montaigne définit **le vrai courage** et généralise son propos à l'aide d'exemples* antiques (notamment la bataille des Thermopyles).

	3. THÈSE IMPLICITE*: **Les Cannibales sont aussi civilisés, voire plus, que les Européens.**
L. 412-444, p. 34-36	Montaigne présente leurs **pratiques matrimoniales** (polygamie) et **leur langage**, affirmant l'élégance de leur civilisation (références antiques, bibliques et gréco-romaines).
	PARTIE CONCLUSIVE : **la rencontre avec les Cannibales, un face-à-face décisif.**
L. 445-482, p. 36-37	L'essai s'achève sur un **renversement dramatique des points de vue**, puisque ce sont des Cannibales qui sont amenés à juger l'Europe et à faire part de leur étonnement (devant le spectacle choquant pour eux de l'enfant-roi de France et des inégalités sociales criantes). Montaigne conclut ironiquement sur le sentiment de supériorité mal fondé des Européens.

Structure de l'œuvre

« DES COCHES »	
PARTIE INTRODUCTIVE	
L. 1-16, p. 40	**L'introduction** se moque, sur un mode satirique, des explications érudites. Montaigne évoque ainsi le mal de mer, auquel il est sujet. Il réfute Plutarque qui l'attribue à la peur.
L. 17-95, p. 40-43	Suit un **développement sur la peur et le courage dans le danger** (exemple de Socrate auquel Montaigne compare sa fermeté de caractère, réelle mais fragile). Il revient ensuite au sujet de son mal de mer, entre autres en coche.
L. 96-126, p. 44-45	*Coches de guerre, coches de paix* : Montaigne aborde, dans une prétérition*, l'usage de chars à la guerre, puis passe à quelques exemples historiques de chars d'apparat.
1. PREMIÈRE PARTIE : **La question des dépenses royales**	
▶ **Thèse explicite : les dépenses excessives ne sont pas une vertu royale.**	
L. 127-182, p. 45-47	Montaigne **condamne les dépenses d'apparat**, indignes d'un roi (contrairement aux dépenses pour le public).
L. 183-253, p. 47-50	Il réfute l'idée selon laquelle le roi doit, avant tout, être généreux : la vraie vertu d'un roi consiste à être juste et avisé. La **générosité mal employée** n'a que des effets pervers (contre-exemple* de Cyrus).
L. 254-331, p. 50-53	Montaigne évoque la question des dépenses d'apparat, à travers l'exemple des **jeux du cirque** à Rome, sous l'Empire. Il reconnaît leur grandiose ingéniosité, mais juge la dépense excessive.
TRANSITION **à partir de l'ingéniosité reconnue aux jeux antiques**	
▶ **Thèse explicite : l'esprit humain ne progresse guère et l'homme est aveugle sur la portée de ses prétendues connaissances.**	
L. 332-355, p. 53-54	Montaigne affirme **les limites et les aléas de la connaissance humaine** : nous ignorons bien plus que nous ne savons.
L. 356-385, p. 54-55	Il donne l'exemple de la **vanité** des Européens, fiers de leurs inventions (artillerie et imprimerie) que les Chinois connaissaient depuis mille ans. Nos **convictions** relatives à notre propre monde et son degré de progrès ou de décadence sont **illusoires**.

2. DEUXIÈME PARTIE : **La désastreuse rencontre de l'Ancien et du Nouveau Monde**	
▶ **Thèse explicite : la victoire des Européens sur les Indiens est une infamie.**	
L. 386-415, **p. 58-59**	Montaigne reconnaît **une « différence d'âge » entre l'Ancien et le Nouveau Monde**, sans y voir aucune infériorité du Nouveau Monde. Au contraire, c'est la supériorité morale de ces peuples qui a, selon lui, été cause de leur perte.
L. 416-478, **p. 59-64**	Les Européens n'ont fait qu'abuser de la bonne foi des Indiens, de la disproportion des forces et de l'effet de surprise. **Leur victoire est sans mérite**, alors que les vaincus ont été admirables. C'est **un gâchis sans nom**, et Montaigne regrette que cette rencontre se soit faite à son époque et non dans l'Antiquité.
▶ **Thèse implicite : les Européens « civilisateurs » ne sont que des brutes hypocrites, des lâches et des menteurs.**	
L. 479-516, **p. 64-65**	Montaigne souligne l'hypocrisie des conquérants à travers un dialogue, qui pastiche* la procédure juridique aberrante du *requerimiento*. Puis il imagine la réponse mesurée et noble d'un peuple indigène.
L. 517-566, **p. 68-69**	Viennent ensuite les récits de la mort et de la torture de **deux rois**, celui du Pérou et celui de Mexico, traités sans aucun respect de la foi jurée par les Espagnols. Montaigne insiste sur leur valeur, par opposition à la vilenie des Européens.
L. 567-603, **p. 69-71**	Leurs propres rois, en les punissant, et Dieu lui-même, en leur interdisant tout profit, ont **désavoué les conquistadores**.
PARTIE CONCLUSIVE : **Histoire d'un monde détruit**	
L. 604-631, **p. 71-72**	Les Indiens ont reconnu dans l'arrivée des Européens leur « fin du monde ». Montaigne rapporte les **mythes cosmogoniques** de ce **monde perdu**.
L. 632-650, **p. 72-73**	La tonalité* élégiaque s'affirme avec la description de **la route de Cuzco** – qui devient monument d'une civilisation perdue supérieure à la Grèce, à Rome et à l'Égypte.
L. 651-659, **p. 73**	Montaigne évoque pour « retomber à ses coches » **l'image pathétique du roi du Pérou porté loyalement par ses hommes**, décimés, jusqu'à ce qu'un cavalier le renverse.

Structure de l'œuvre

LE DOSSIER du lycéen • **79**

Testez votre lecture

« Des Cannibales »

1. Que Montaigne reproche-t-il aux « cosmographes » de son époque ? Quelle source privilégie-t-il et pourquoi ?
2. Comment Montaigne juge-t-il la proximité des Cannibales avec la Nature ?
3. Citez plusieurs détails précis donnés par Montaigne sur le mode de vie des Cannibales.
4. Quels sentiments le lecteur occidental du XVIe siècle pouvait-il ressentir à la lecture de ces détails ?
5. Montaigne défend-il la pratique du cannibalisme ?
6. Montaigne cite une poésie amoureuse des Cannibales. Que prouve-t-elle, selon lui ?
7. À qui Montaigne donne-t-il la parole à la fin de cet essai ?
8. Expliquez cette citation : « Chacun appelle barbarie ce qui n'est pas de son usage ».

« Des coches »

1. Montaigne se présente-t-il comme quelqu'un de courageux ? Trouvez-vous qu'il fasse preuve d'audace, dans ce chapitre ?
2. À quels moments est-il question de « coches » dans cet essai ?
3. Quel(s) lien(s) pouvez-vous établir entre la première partie du texte, sur les dépenses royales, et la deuxième partie, sur le Nouveau Monde ?
4. Comment Montaigne juge-t-il les jeux du cirque des Romains ?

5. Par quoi Montaigne est-il particulièrement révolté quand il pense aux conquistadores ?

6. De quels rois d'Amérique est-il question ? Quel est le sort de chacun d'eux ?

7. Pourquoi, d'après Montaigne, la « pompe et magnificence » d'un peuple comme les Incas, démontrée par la route de Quito à Cuzco, est-elle supérieure à celle de la Grèce, de Rome, et de l'Égypte ? Expliquez-le en vous reportant aussi à la première partie de l'essai.

8. Expliquez cette affirmation : « C'était un monde enfant. » (l. 399)

Invitation à une lecture d'ensemble

1. Quels peuples du Nouveau Monde Montaigne évoque-t-il dans chacun des deux chapitres ? Y a-t-il des différences importantes entre ces peuples ?

2. Résumez en une phrase ce que Montaigne cherche à montrer à propos du Nouveau Monde dans « Des Cannibales » et dans « Des coches ». Est-ce la même chose ?

3. Au XVIe siècle, on a souvent présenté les Amérindiens comme lâches. Montaigne voit-il la victoire des Européens comme le signe d'un courage supérieur à celui des Indiens ?

4. Comparez la tonalité* de la toute fin (la chute) des deux essais. Vous paraît-elle conforme à leur propos ?

5. L'amertume sensible dans « Des coches » apparaît-elle également dans « Des Cannibales » ?

6. Quelle réflexion sur le personnage du roi Montaigne développe-t-il dans ses deux essais ?

Comprendre l'œuvre

1 Une réflexion sur l'homme

« Qui suis-je ? »

• S'interroger sur ce qu'est l'homme, explorer l'homme qu'il est et chercher l'homme qu'il voudrait être, tels sont les principaux objectifs de Montaigne dans les *Essais*. Cette quête le porte à une inlassable curiosité envers lui-même et envers les autres. Sa devise pourrait être celle de Socrate, inscrite sur le temple antique d'Apollon à Delphes : « Connais-toi toi-même ». On comprend ainsi la fascination de Montaigne pour les Amérindiens, qu'il s'agisse des Tupinambas, des Incas ou des Aztèques. Ils révèlent un autre visage de l'homme, et invitent à reconsidérer les fausses évidences qui déforment notre vision de nous-mêmes.

• Rejetant d'emblée les préjugés qui tendent à déshumaniser ces peuples « barbares » et « sauvages », Montaigne part de l'évidence que ce sont des hommes, capables de la même violence barbare que « nous » ou adeptes d'une superstition absurde qui ne « nous » est en rien étrangère. Ils sont également doués d'une intelligence, d'une habileté technique et de vertus qui n'ont rien à envier à celles des Européens de son époque. C'est d'ailleurs sur leur modèle que Montaigne se présente dans l'Avis au lecteur qui ouvre les *Essais*. « C'est ici un livre de bonne foi, lecteur. [...] Que si j'eusse été entre ces nations qu'on dit vivre encore sous la douce liberté des premières lois de nature, je t'assure que je m'y fusse très volontiers peint tout entier, et tout nu. » L'écriture des *Essais* est vibrante d'humanité. Montaigne cherche à y partager ses émotions.

Quelques thèmes transversaux

Certains thèmes sont récurrents dans les *Essais*. Parmi eux, on peut souligner ici :

• **L'importance accordée à la Nature** : selon Montaigne, l'homme dépend de la Nature, dont il est l'une des créations. Il nie donc l'idée que l'art ou la technique humaine puisse rivaliser avec la Nature. Il fait l'éloge des Cannibales car ils ont gardé leur « naïveté » (l. 148, p. 19). On retrouve cette idée dans « Des Coches » avec l'image du « monde enfant » (l. 399, p. 58), « encore tout nu au giron » de sa « mère nourrice » (l. 393, p. 58). Les inventions de l'esprit humain sont considérées comme des « productions de la Nature ».

• **Les limites de la connaissance humaine** : du point de vue philosophique, Montaigne est un sceptique. Il se méfie des prétentions des discours savants, qu'il s'agisse des traités des cosmographes ou des explications des philosophes sur les causes.

●**La question du bon gouvernement** : les deux essais mettent en scène le personnage du roi et interrogent le bien-fondé des règles de la société. En France, le spectacle du roi-enfant et des inégalités de richesse criantes suscite l'incompréhension des Cannibales. Dans « Des coches », la question politique est également présente, car Montaigne évoque les rapports du roi et de son peuple, et de leurs obligations réciproques.

●**Le courage** : s'il est une qualité humaine que Montaigne honore, c'est le courage. Il s'attache ainsi à valoriser celui des Cannibales, admirables à la guerre, dans le premier essai ; et celui des rois et des peuples de l'Amérique face aux conquistadores dans « Des coches ». Montaigne s'interroge aussi sur son propre courage, avec une certaine modestie.

2 Une écriture du mouvement et de la liberté

« À sauts et à gambades »

●Une singularité essentielle des *Essais* tient au caractère mouvant et foisonnant du texte, qui n'a cessé durant vingt ans de s'étoffer, à la manière d'un organisme vivant. Le livre évolue comme son auteur : « Moi à cette heure et moi tantôt sommes bien deux. » (*Essais*, III, 9). L'écriture se conforme ainsi à une instabilité essentielle : celle du monde lui-même (Copernic a démontré que la Terre était en mouvement perpétuel autour du Soleil) et celle de la connaissance des hommes. On reconnaît là un trait de la sensibilité baroque qui s'affirme à cette époque.

●Le cheminement de la pensée se veut libre et déstructuré. Les phrases mêmes de Montaigne, avec leurs incises, leurs redondances, leurs modalisations, en témoignent.

●Montaigne développe dans les *Essais* un véritable art de la digression. Il marche volontiers, comme il le dit « à sauts et à gambades » (*Essais*, III, 9), en suivant sa « fantaisie ». C'est un choix assumé, qui correspond à sa prédilection pour la liberté : « Je m'égare, mais plutôt par licence que par mégarde. » (*Essais*, III, 9).

Un texte à explorer

●La liberté revendiquée par Montaigne appelle l'attention du lecteur sur les détours qu'il emprunte, sur les indices qu'il introduit, « comme en se

LE DOSSIER du lycéen • 83

Comprendre l'œuvre

jouant », pour signaler ses changements de cap, borner ses digressions, revenir à son sujet. Ces signaux ne manquent pas dans nos deux essais.

● Il faut donc se garder de juger hâtivement le propos de Montaigne comme décousu. Ainsi, dans « Des coches », les deux grandes parties de l'essai ne sont pas aussi disjointes qu'elles pourraient le sembler à première vue. Elles tissent une comparaison entre le modèle du souverain à l'européenne et les exemples vertueux des rois du Nouveau Monde. La critique du mauvais roi, non dénuée de risques pour l'auteur (d'où peut-être les réflexions sur le courage au début de l'essai), n'est pas oubliée dans la seconde partie du texte : elle en sort implicitement renforcée.

● Ceci implique de la part du lecteur un effort particulier, une attention à la construction du propos. Si Montaigne « s'égare » volontiers, cela ne signifie pas que sa route n'ait aucun sens, bien au contraire. Les digressions ne sont donc jamais des passages « secondaires ». Ainsi, la première partie des « coches » est présentée comme une simple « fantaisie », née de l'image des extravagantes processions des empereurs antiques. Souvent la digression, sous la forme d'une maxime, affirme des convictions essentielles : « les plus vaillants sont parfois les plus infortunés », et « l'honneur de la vertu [consiste] à combattre, non à battre. »

Un patchwork de citations

● Montaigne accorde une place importante aux citations, donnant à son texte l'aspect d'un « patchwork ». Montaigne et ses lecteurs lisent couramment le latin et le grec. Il faut donc imaginer que dans nos deux essais toutes les citations sont en latin (sauf une, en grec). Elles s'intègrent dans le texte où elles ne sont identifiées que par l'usage de l'italique. À l'origine, le texte n'était pas divisé en paragraphes. Seules les citations en vers se distinguaient donc visuellement par un retour à la ligne. Enfin, ni les noms des auteurs ni les références des passages n'étaient précisés par Montaigne, contrairement à l'usage adopté dans notre édition.

● Comprendre l'usage de ces citations est essentiel. On pourrait penser à un argument d'autorité, puisque Montaigne cite de préférence les auteurs antiques (Platon et Properce, p. 19). Mais citer les Anciens ne signifie pas nécessairement les approuver. Ils peuvent ainsi être invoqués comme exemples de la folie humaine (Lucrèce, p. 54). Ces citations visent, entre autres, à protéger le texte de Montaigne contre des critiques éventuelles (un peu comme les boucliers qui forment le rempart des coches de guerre dépeints par Montaigne).

● Montaigne n'indique pas toujours ses sources antiques (Diodore de Sicile sur Ischolas, l. 372, p. 33). Quand il emprunte aux auteurs antiques des citations précises, ils deviennent des modèles et des *alter ego*. En rompant le cours de son texte pour leur donner la parole, Montaigne introduit une forme de polyphonie. « Mes allégations [citations] sonnent à gauche [en décalage] un ton plus délicat, et pour moi qui n'en veux exprimer davantage, et pour ceux qui rencontreront mon air. » (*Essais*, I, 39).

• Montaigne utilise donc l'autorité des Anciens selon ses besoins : tantôt comme une confirmation, tantôt pour faire valoir un point de vue différent, décalé. Le monde antique est éloigné dans le temps comme le Nouveau Monde l'est dans l'espace, pour les Européens : ces deux mondes invitent le lecteur à porter un nouveau regard sur lui-même... et sur l'Autre.

Image du documentaire *L'Exploration inversée, voyage en France de deux Papous*, de J.-M. Barrère et M. Dozier, 2007.

Explorer le parcours associé : Notre monde vient d'en trouver un autre

LES THÈMES

1 Une rencontre qui tourne au désastre

Le choc de l'inconnu

● On considère 1492 comme le seuil de l'époque moderne. La rencontre qui se joue dans la découverte du Nouveau Monde est inouïe : jamais comme à cette occasion deux vastes ensembles humains, qui s'ignoraient totalement et avaient évolué de manière autonome, n'entrèrent en contact de manière aussi brusque et imprévue. Le monde s'élargit et en même temps se rétrécit, se ferme sur lui-même avec les premiers voyages autour du monde (celui de Magellan fut accompli entre 1519 et 1522).

● La rencontre entre Indiens et Européens engendre une stupéfaction réciproque et pousse de part et d'autre à se questionner sur des étrangers si différents : s'agit-il même d'êtres humains ? Les Indiens s'interrogent sur les nouveaux arrivants : sont-ils des dieux, des démons ou des hommes ?

● Les Européens, après un premier temps d'émerveillement, considèrent rapidement les indigènes comme des êtres inférieurs, presque comme des animaux. Cela justifie à leurs yeux les mauvais traitements qu'ils leur infligent et l'asservissement des populations locales. Entre la caricature du « bon sauvage » et les peintures effrayantes de pratiques cannibales ou de sacrifices humains, la réalité des cultures indiennes reste méconnue. La communication et la rencontre sont entravées par les préjugés, les malentendus et les violences.

● À travers les massacres, le travail forcé et les épidémies, advient un véritable génocide : entre le début et la fin du XVIe siècle, la population du continent sud-américain passe de 80 millions à 10 millions d'habitants.

ÉCLAIRAGE **Le rapport des éclaireurs de Moctezuma, empereur aztèque**

[Moctezuma] se crut à demi-mort quand il entendit comment éclate sur leur ordre la trompette-à-feu[1], comment on entend le tonnerre quand elle éclate, comment elle étourdit, elle assourdit

---

1. Arme à feu.

nos oreilles. […] Uniquement, tout en métal, sont leurs engins de guerre ; de métal ils s'habillent, en métal leurs arcs, en métal leurs boucliers, en métal leurs lances. Et ceux qui les portent sur leurs dos, leurs chevreuils[2], c'est comme s'ils étaient aussi grands que les terrasses des maisons. Et de tous côtés ils recouvrent leurs corps, seuls apparaissent leurs visages, très blancs, ils ont des visages comme de la craie ; ils ont des cheveux jaunes, cependant certains ont des cheveux noirs ; leur barbe est longue et jaune aussi, ce sont des barbes-jaunes ; ils sont crépus, frisés. […] Et leurs chiens sont très, très grands ; ils ont des oreilles plusieurs fois repliées, de grandes mâchoires tremblantes […]. Et lorsque Moctezuma entendit cela, il fut extrêmement terrorisé, comme s'il était demi mort […].

Récits aztèques de la conquête,
© Seuil, textes choisis
par G. Beaudot et T. Todorov, 1983.

Question

- Montaigne rend-il compte de cet étonnement réciproque dans les *Essais* ?

Témoignages sur les « Indes occidentales »

- La découverte des « Indes occidentales » génère immédiatement en Europe un immense écho. Les témoignages circulent : lettres et récits d'explorateurs (Colomb, Cortés), témoignages de prêtres missionnaires (Bartolomé de Las Casas), œuvres de « cosmographes » qui participent aux expéditions (André Thevet et Jean de Léry) ou qui compilent diverses sources (Francisco Lopez de Gomara). Ces textes sont traduits dans toute l'Europe, parfois malgré les efforts des autorités pour en empêcher la diffusion. Montaigne y puise des informations sur l'Amérique.

- La question de la conquête est une actualité brûlante. Elle soulève des problèmes éthiques, religieux, et juridiques, comme le montre la procédure du *Requerimiento* qui vise à donner une forme légale à l'annexion des nouvelles terres par les souverains espagnols. Las Casas estime qu'« on ne sait s'il faut rire ou pleurer » devant tant d'absurdité.

- Après le premier enthousiasme de la découverte, les informations sur les atrocités commises par les conquérants parviennent en Europe et soulèvent

2. Il s'agit des chevaux.

Explorer le parcours associé : Notre monde vient d'en trou

une vague d'indignation. Pour ne donner qu'un exemple, voilà ce que rapporte un groupe de missionnaires dominicains à un ministre de Charles Quint, en 1519 : « Des chrétiens rencontrèrent une Indienne, qui portait dans ses bras un enfant qu'elle était en train d'allaiter ; et comme le chien qui les accompagnait avait faim, ils arrachèrent l'enfant des bras de la mère, et tout vivant le jetèrent au chien, qui se mit à le dépecer sous les yeux mêmes de la mère. [...] Quand il y avait parmi les prisonniers quelques femmes récemment accouchées, pour peu que les nouveau-nés se missent à pleurer, ils les prenaient par les jambes et les assommaient contre les rochers, ou les jetaient dans les broussailles pour qu'ils achèvent d'y mourir. »

La controverse de Valladolid

- Bartolomé de Las Casas (1484-1566) est un moine franciscain qui séjourna à de multiples reprises aux Amériques. Dans sa *Très brève relation de la destruction des Indes* (1552), il rapporte les violences dont il a été le témoin. Ardent défenseur des Indiens, il prône une « conquête pacifique » qui permettrait la propagation de la foi chrétienne. Il s'oppose ainsi au parti favorable aux guerres de conquête, qui justifie les violences par la providence divine et refuse aux Indiens la dignité d'hommes libres.

- En 1550, Charles Quint organise un débat entre Las Casas et le théologien Sepulveda sur la légitimité de l'asservissement des Indiens. Au terme de cette controverse, on reconnaît aux Indiens un statut égal à celui des Blancs. Les Européens vont dès lors se tourner vers la traite des Noirs et le commerce triangulaire pour transporter des esclaves en Amérique.

❮❮ Citations à retenir ❯❯

« *Chacun appelle barbarie ce qui n'est pas de son usage.* » (p. 18)

« *Nous pouvons donc bien les appeler barbares, eu égard aux règles de la raison, mais non pas eu égard à nous, qui les surpassons en toute sorte de barbarie.* » (p. 30)

« *Qui mit jamais à tel prix le service de la mercadence et du trafic ? [...] Mécaniques victoires.* » (p. 64)

Entre rêve et cauchemar

- Les explorateurs européens sont émerveillés par les paysages grandioses de l'Amérique, une faune et une flore inconnues. On en rapporte en Europe des spécimens qui font sensation. Ils s'intéressent également aux usages des peuples qu'ils rencontrent, et sont ébahis par certaines de leurs réalisations.

- Mais le rêve de la découverte vire rapidement au cauchemar, lorsque les autochtones ne coopèrent pas comme on l'attendait. Les conquérants se livrent alors aux pires cruautés envers les populations indiennes.

• Les violences commises par les chrétiens en Amérique, bientôt associées aux violences commises entre chrétiens, du même pays, lors des guerres de religion, interrogent profondément la conscience de certains contemporains de l'époque, comme Montaigne. La dénonciation unilatérale de l'autre comme « barbare » ne révèle que l'arrogance de ceux qui la prononcent. À partir de là s'ébauche l'idée moderne d'un « relativisme culturel » : on ne peut juger la valeur d'une autre culture à partir de préjugés relatifs à sa propre culture.

Lecture d'image → Voir le verso de couverture en début d'ouvrage (II)

Théodore de Bry, *L'Arrivée de Colomb aux Amériques*, gravure, BNF, Paris.

• Théodore de Bry (1528-1598) est un dessinateur et graveur protestant, originaire de Liège, qui illustra notamment les récits des explorateurs sur la conquête de l'Amérique.

• Cette gravure représente le débarquement de Christophe Colomb aux Antilles. On y voit les indigènes de l'île (qu'il baptisa Hispaniola, « l'île Espagnole », aujourd'hui Haïti) l'accueillir en lui offrant des cadeaux. L'image est « narrative » : elle présente plusieurs plans qui sont autant de moments successifs, du plus lointain au plus proche.

1. Reconstituez l'histoire « racontée » par cette image.
2. Commentez l'apparence et l'attitude des Espagnols et des Indiens.
3. Comment les objectifs de la conquête y sont-ils représentés ?

2 Montaigne et ses sources

Les récits des cosmographes dans les *Essais*

● Les récits des cosmographes sont influencés par les querelles qui agitent leur époque ou les partis pris de leurs auteurs. Cependant, même s'il se méfie de leur fiabilité et privilégie des témoignages directs, Montaigne les a lus attentivement et s'en inspire. L'essai « Des Cannibales », qui traite plus particulièrement des Tupinambas rencontrés par les Français lors de leur expérience de colonisation au Brésil, doit beaucoup au livre d'André Thévet, *Singularités de la France Antarctique* (1557) et à l'*Histoire d'un voyage fait en la terre du Brésil* (1578), de Jean de Léry.

● Dans « Des coches », la source principale sur la conquête du Pérou et du Mexique est *L'Histoire générale des Indes*, de Lopez de Gomara (première traduction française en 1568). Montaigne reprend ces ouvrages de manière assez précise pour qu'on identifie la source : il choisit et prélève les éléments qui intéressent son propos et condense certains récits pour en faire la matière de sa réflexion.

Se libérer des préjugés

● Montaigne reconnaît l'altérité des Indiens et rejette les préjugés dévalorisants. Il ne minimise pas l'exotisme des coutumes des Tupinambas. Mais il ne s'attarde pas sur les détails de leur apparence physique rapportés par Thevet ou Léry. Ceux-ci décrivent, par exemple, la lèvre inférieure des hommes percée d'une large pierre, qui déforme leur bouche jusqu'à gêner leur élocution. Ils peuvent retirer cette pierre, ce qui les fait saliver et leur permet de passer leur langue par le trou, dans une étonnante grimace. Pourquoi Montaigne ne rapporte-t-il pas ce type de détails, qu'il a pourtant lus ? Non par mauvaise foi, mais parce qu'ils ne relèvent pour lui que d'un point de vue superficiel. Il ne décrit pas non plus l'apparence physique des Cannibales qu'il rencontre à Rouen mais s'intéresse à leurs propos. Se focaliser sur l'apparence et le vêtement ne peut conduire qu'à un rejet hâtif de l'autre dans une caricature de « sauvage ». Ce qui intéresse Montaigne est de reconnaître dans ces peuples un autre visage de l'homme, propre à nous éclairer sur nous-mêmes.

● Contrairement à Lopez de Gomara, qui considère les Indiens comme des êtres abandonnés de Dieu, des créatures perdues, ou à André Thevet, qui fait preuve de bienveillance, mais ne cesse de les qualifier de « pauvres gens », Montaigne s'interdit toute condescendance. Il considère les Indiens comme des égaux, et même des exemples dignes des grands modèles antiques. Cependant, il ne nie pas « l'horreur barbaresque » des pratiques anthro-

autre

« Citations à retenir »

« *Tout cela ne va pas trop mal : mais quoi, ils ne portent pas de hauts-de-chausses !* » (p. 37)

« *C'était un monde enfant.* » (p. 58)

« *Nous n'allons point, nous rôdons plutôt, et tournoyons çà et là.* » (p. 53)

« *Nous embrassons tout, mais n'étreignons que du vent.* » (p. 14)

pophages. Mais il refuse que sa condamnation autorise les Européens à rejeter la « barbarie » sur ces « autres » que seraient les Indiens.

L'expérience d'un décentrement

● Montaigne n'est pas le premier à prendre le parti des Indiens contre les conquistadores, mais il ne s'en tient pas là. Jusqu'alors, la vision des Européens s'imposait, unique et unilatérale. La fin des « Cannibales » renverse la situation : c'est en effet le point de vue des Indiens qui clôt l'essai. Ce changement de perspective est nouveau et audacieux. Nos certitudes, sur nous-mêmes, nos usages et notre société s'en trouvent remises en cause.

● Il en va de même de la réflexion politique qui sous-tend toute la deuxième partie des « Coches » : Montaigne refuse que les civilisations indiennes soient disqualifiées au nom de leur défaite face aux Européens. Les rois indiens deviennent des contre-modèles des souverains européens – tout comme l'était Cyrus dans la première partie de l'essai.

● Montaigne ne se contente pas de dénoncer les crimes des Européens, il regrette, avec la destruction du Nouveau Monde, une perte irrémédiable, celle d'un « autre monde » précieux pour l'expérience humaine. Ici, comme dans le reste des *Essais*, Montaigne s'attaque aux préjugés qui privent l'homme de la lucidité essentielle sur lui-même et sur le monde.

Explorer le parcours

Explorer le parcours associé : Notre monde vient d'en trouv

Lecture d'image → Voir le verso de couverture en fin d'ouvrage (III)

Le Massacre de Cholula par les Espagnols en 1519, peint par des Indiens Tlaxcaltèques, alliés aux Espagnols, reproduction de 1773 de la version originale du *Lienzo de Tlaxcala* (1554).

Le *Lienzo de Tlaxcala*, ou « Tissu de Tlaxcala », est un drap de coton de 2 mètres sur 5 qui représente, sous forme de dessins, la conquête du Mexique. Cette « histoire » fut réalisée par les Indiens de Tlaxcala, dans les années 1550, probablement pour rappeler à Charles Quint, lors d'une ambassade, leur soutien aux Espagnols contre l'empire aztèque. Les Tlaxcaltèques étaient en effet ennemis du pouvoir aztèque et attaquèrent la ville vassale de Cholula avec les Espagnols. Cette œuvre est un des rares témoignages de la vision que les Indiens avaient des Espagnols.

1. Identifiez sur cette image : les Espagnols (un cavalier et un soldat), la Malinche (Indienne traductrice de Cortès qui commande ici l'attaque), le temple de Quetzalcoatl (le Serpent à plumes), un prêtre du temple se défendant avec un bouclier, des prêtres ou dignitaires de Cholula emprisonnés.

2. Quelles sont les caractéristiques des Espagnols ? Comment la violence de leur attaque est-elle figurée ?

autre

GROUPEMENTS DE TEXTES

1 Le cannibalisme sous toutes ses formes

La consommation de chair humaine constitue un tabou dans de nombreuses sociétés. La découverte au XVIe siècle de peuples anthropophages comme les « cannibales » des Caraïbes (le mot vient d'un terme indien déformé) frappe les imaginations. Le cannibalisme devient alors symbole de la violence de l'homme contre l'homme, qui peut exister partout et prendre bien des formes (texte 1). On peut utiliser l'horreur qu'il suscite pour mieux dénoncer une « sauvagerie » mise en œuvre sous le masque de la civilisation (textes 2 et 3).

Mais le cannibalisme pratiqué dans certaines cultures demande à être envisagé par l'ethnologie comme un comportement culturel à part entière (texte 4). Il revêt ainsi une signification particulière chez les Esquimaux (texte 5).

Groupements
de textes

Texte 1 Jean de Léry, *Histoire d'un voyage fait en la terre du Brésil*, 1578

Jean de Léry a séjourné au Brésil en 1557-1558. Il ne publie son témoignage que vingt ans plus tard, après être devenu un pasteur protestant pendant les guerres de religion. Le chapitre XV de son livre traite du cannibalisme.

Je pourrais encore amener quelques autres semblables exemples, touchant la cruauté des sauvages envers leurs ennemis, n'était[1] qu'il me semble que ce que j'en ai dit est assez pour faire avoir horreur, et dresser à chacun les cheveux en la tête. Néanmoins afin que ceux qui liront choses tant horribles, exercées journellement entre ces nations barbares de la terre du Brésil, pensent aussi

---

1. Si ce n'était.

LE DOSSIER du lycéen • 93

un peu de près à ce qui se fait par deçà[2] parmi nous : je dirai en premier lieu sur cette matière[3], que si on considère à bon escient[4] ce que font nos gros usuriers (suçant le sang de la moëlle, et par conséquent mangeant tous en vie, tant de veuves, orphelins, et autres pauvres personnes auxquels il vaudrait mieux couper la gorge tout d'un coup, que de les faire ainsi languir) qu'on dira qu'ils sont encore plus cruels que les sauvages dont je parle. [...]

Davantage, si on veut venir à l'action brutale de mâcher et manger réellement (comme on parle[5]) la chair humaine, ne s'en est-il point trouvé en ces régions de par deçà, voire même entre ceux qui portent le titre de Chrétiens, tant en Italie qu'ailleurs, lesquels ne s'étant pas contentés de faire cruellement mourir leurs ennemis, n'ont pu rassasier leur courage, sinon en mangeant de leur foie et de leur cœur ? Je m'en rapporte aux histoires[6]. Et sans aller plus loin, en la France quoi ? (Je suis Français et me fâche de le dire) durant la sanglante tragédie qui commença à Paris le 24 d'août 1572[7] dont je n'accuse point ceux qui n'en sont pas cause : entre autres actes horribles à raconter, la graisse des corps humains (qui d'une façon plus barbare et cruelle que celle des sauvages, furent massacrés dans Lyon, après être retirés de la rivière de Saône) ne fut-elle pas publiquement vendue au plus offrant et dernier enchérisseur ? [...]

Par quoi qu'on n'abhorre[8] plus tant désormais la cruauté des sauvages Anthropophages, c'est à dire, mangeurs d'hommes : car puisqu'il y en a de tels, voire d'autant plus détestables et pires au milieu de nous, qu'eux qui, comme il a été vu, ne se ruent que sur les nations lesquelles leur sont ennemies, et ceux-ci[9] sont plongés dans le sang de leurs parents, voisins et compatriotes, il ne faut pas aller si loin qu'en leur pays, ni qu'en l'Amérique pour voir choses si monstrueuses et prodigieuses.

Chapitre XV.

---

2. De ce côté-ci de l'océan.
3. Sur ce sujet.
4. Intelligemment.
5. Littéralement.
6. Récits historiques.

7. Massacre des protestants par les catholiques le jour de la Saint-Barthélemy.
8. Abhorrer signifie « condamner avec horreur ».
9. Alors que ceux-ci.

Théodore de Bry (1528-1598), *Scène de cannibalisme*, gravure, BNF, Paris.

Questions

1. Jean de Léry évoque l'idée que le cannibalisme est également pratiqué en Europe. Relevez et analysez les exemples qu'il utilise.
2. Léry fait usage d'une rhétorique particulièrement violente. Repérez les formules où elle s'exprime, et expliquez-la.
3. À quels moments le discours semble-t-il cependant reculer face à l'indicible ?
4. **ÉTUDE DE LA LANGUE** Quels éléments du discours soulignent l'engagement personnel de l'auteur ?

Explorer le parcours associé : Notre monde vient d'en trouv

Texte 2 Voltaire, *Dictionnaire philosophique*, 1764

Les cibles principales de Voltaire dans son Dictionnaire philosophique *sont la superstition et l'obscurantisme. Pour provoquer la réflexion, il défend ici le cannibalisme en le comparant aux sacrifices humains rapportés dans les mythes antiques.*

« Anthropophages »

En 1725, on amena quatre sauvages du Mississipi à Fontainebleau, j'eus l'honneur de les entretenir[1] ; il y avait parmi eux une dame du pays, à qui je demandai si elle avait mangé des hommes ; elle me répondit très naïvement qu'elle en avait mangé. Je parus un peu scandalisé ; elle s'excusa en disant qu'il valait mieux manger son ennemi mort que de le laisser dévorer aux bêtes, et que les vainqueurs méritaient d'avoir la préférence. Nous tuons en bataille rangée ou non rangée nos voisins, et pour la plus vile récompense nous travaillons à la cuisine des corbeaux et des vers. C'est là qu'est
10 l'horreur, c'est là qu'est le crime ; qu'importe quand on est tué d'être mangé par un soldat, ou par un corbeau et un chien ?

Nous respectons plus les morts que les vivants. Il aurait fallu respecter les uns et les autres. Les nations qu'on nomme policées[2] ont eu raison de ne pas mettre leurs ennemis vaincus à la broche : car s'il était permis de manger ses voisins, on mangerait bientôt ses compatriotes, ce qui serait un grand inconvénient pour les vertus sociales. Mais les nations policées ne l'ont pas toujours été : toutes ont été longtemps sauvages, et dans le nombre infini de révolutions[3] que ce globe a éprouvées, le genre humain a été tantôt nombreux, tantôt
20 très rare. Il est arrivé aux hommes ce qui arrive aujourd'hui aux éléphants, aux lions, aux tigres, dont l'espèce a beaucoup diminué. Dans les temps où une contrée était peu peuplée d'hommes, ils avaient peu d'arts, ils étaient chasseurs. L'habitude de se nourrir de ce qu'ils avaient tué fit aisément qu'ils traitèrent leurs ennemis comme leurs

---

1. Leur parler.

2. Civilisées.

3. Révolutions autour du Soleil, c'est-à-dire les années.

autre

cerfs et leurs sangliers. C'est la superstition qui a fait immoler des victimes humaines, c'est la nécessité qui les a fait manger.

Quel est le plus grand crime, ou de s'assembler pieusement pour plonger un couteau dans le cœur d'une jeune fille ornée de bandelettes[4], à l'honneur de la Divinité, ou de manger un vilain
30　homme qu'on a tué à son corps défendant ?

Questions

1. Quelle impression Voltaire cherche-t-il à donner des « sauvages » par sa manière de raconter la rencontre de Fontainebleau ?

2. Résumez son argumentation dans le premier paragraphe. Que condamne-t-il ?

3. Résumez son argumentation dans le second paragraphe : s'il excuse le cannibalisme, à quelle époque de l'histoire humaine le renvoie-t-il ?

4. Comment la distance critique revendiquée par l'auteur s'affirme-t-elle dans le texte ?

5. ÉTUDE DE LA LANGUE　Lignes 3 à 6 : à quoi reconnaissez-vous grammaticalement le discours indirect ? Transposez ce dialogue au discours direct et expliquez les changements des temps.

Groupements de textes

---

4. Voltaire pense ici au sacrifice d'Iphigénie, la fille du roi Agamemnon sacrifiée à Artémis dans le mythe grec de la guerre de Troie. Ce sacrifice est depuis l'Antiquité l'exemple des crimes auxquels peut conduire la superstition religieuse.

LE DOSSIER du lycéen • 97

Explorer le parcours associé : Notre monde vient d'en trouv

Texte 3   Jonathan Swift, *Modeste proposition pour empêcher les enfants des pauvres en Irlande d'être à charge à leurs parents et à leur pays et pour les rendre utiles au public*, 1729

Jonathan Swift (1667-1745) est un écrivain anglo-irlandais, célèbre notamment pour Les Voyages de Gulliver. *Dans la* Modeste proposition…, *il fait preuve d'un humour particulièrement noir pour dénoncer les injustices sociales de son pays.*

C'est une triste chose pour ceux qui se promènent dans cette grande ville[1] ou voyagent dans la campagne, que de voir les rues, les routes et les portes des cabanes encombrées de mendiantes que suivent trois, quatre ou six enfants tous en haillons et importunant chaque passant pour avoir l'aumône. Ces mères, au lieu d'être en état de travailler pour gagner honnêtement leur vie, sont forcées de passer tout leur temps à mendier de quoi nourrir leurs malheureux enfants, qui, lorsqu'ils grandissent, deviennent voleurs faute d'ouvrage[2], ou quittent leur cher pays natal pour s'enrôler au service du Prétendant[3] en Espagne, ou se vendent aux Barbades[4]. […]

J'expose donc humblement à la considération du public que des cent vingt mille enfants dont le calcul a été fait, vingt mille peuvent être réservés pour la reproduction de l'espèce, dont seulement un quart de mâles, ce qui est plus qu'on ne réserve pour les moutons, le gros bétail et les porcs ; et ma raison est que ces enfants sont rarement le fruit du mariage, circonstance à laquelle nos sauvages font peu d'attention, c'est pourquoi un mâle suffira au service de quatre femelles ; que les cent mille restant peuvent, à l'âge d'un an, être offerts en vente aux personnes de qualité et de fortune dans tout le royaume, en avertissant toujours la mère de les allaiter copieusement

---

1. Dublin.

2. Faute de travail.

3. Fils du roi James II : après la révolution de 1688, il prétendit, avec l'appui d'autres puissances européennes à la couronne d'Angleterre (détenue par sa sœur aînée, Mary II).

4. Île des Caraïbes, colonie britannique où se pratiquait l'esclavage.

dans le dernier mois, de façon à les rendre dodus et gras pour une bonne table. Un enfant fera deux plats dans un repas d'amis ; et quand la famille dîne seule, le train[5] de devant ou de derrière fera un plat raisonnable, et assaisonné avec un peu de poivre et de sel, sera très bon bouilli le quatrième jour, spécialement en hiver.

J'ai fait le calcul qu'en moyenne un enfant qui vient de naître pèse vingt livres, et que dans l'année solaire, s'il est passablement nourri, il ira à vingt-huit.

J'accorde que cet aliment sera un peu cher, et par conséquent
30 il conviendra très bien aux propriétaires, qui, puisqu'ils ont déjà dévoré la plupart des pères, paraissent avoir le plus de droits sur les enfants.

Trad. L. de Wailly (1859).

Questions

1. Sur quels sentiments s'ouvre le début du texte ? En quoi sont-ils ambivalents* ?

2. Comment l'auteur présente-t-il son projet et ses intentions ?

3. Quels calculs a-t-il faits ? Quelles difficultés ou objections a-t-il anticipées ?

4. Quel effet produit le contraste entre la rationalité mise en scène dans le discours et le projet imaginé par l'auteur ? Justifiez en vous appuyant sur le texte.

5. Relevez les formulations qui trahissent le jugement réel de l'auteur sur les riches et les pauvres. Que cherche-t-il à dénoncer par là ?

6. ÉTUDE DE LA LANGUE Lignes 22 à 25 : à quel mode et à quel temps sont conjugués les verbes des propositions principales ? Transposez-les au conditionnel présent puis commentez le choix de Swift.

---

5. Le « train » désigne la partie antérieure ou postérieure d'un quadrupède. C'est aussi un terme de boucherie.

Explorer le parcours associé : Notre monde vient d'en trouv

> **Texte 4** **Claude Lévi-Strauss,**
> *Nous sommes tous des cannibales*, 2013

*Claude Lévi-Strauss est un anthropologue et ethnologue français.
Il étudie les civilisations et leurs cultures. Sa première mission ethno-
graphique, qu'il raconte dans* Tristes tropiques *(1955), le conduisit
au Brésil sur les traces de Jean de Léry. Ce texte est extrait d'un recueil
posthume d'articles écrits à la fin de sa vie.*

Aucun ethnologue sérieux ne conteste la réalité du cannibalisme, mais tous savent aussi qu'on ne peut le réduire à sa forme la
plus brutale consistant à tuer des ennemis pour les manger. Cette
coutume a certes existé, ainsi au Brésil où – pour m'en tenir à ce
seul exemple – quelques voyageurs anciens, et les Jésuites portugais
qui, au XVIe siècle, vécurent pendant des années parmi les Indiens
et parlaient leur langue, furent les très éloquents témoins. À côté de
cet exo-cannibalisme[6], il faut faire sa place à un endo-cannibalisme
qui consiste à consommer en grande ou très petite quantité, à l'état
10   frais, putréfié ou momifié la chair soit crue, soit cuite ou carbonisée
de parents défunts. Aux confins du Brésil et du Venezuela, les Indiens Yanomami, malheureuses victimes, on le sait, des exactions
des chercheurs d'or qui ont envahi leur territoire, consomment encore aujourd'hui les os préalablement pilés de leurs morts. Le cannibalisme peut être alimentaire (en période de pénurie ou par goût
pour la chair humaine) ; politique (en châtiment des criminels ou
par vengeance contre les ennemis) ; magique (pour assimiler les
vertus des défunts ou au contraire, pour éloigner leur âme) ; rituel
(s'il relève d'un culte religieux, d'une fête des morts ou de maturité,
20   ou pour assurer la prospérité agricole). Il peut enfin être thérapeu-
tique comme l'attestent de nombreuses prescriptions de la médecine antique dans un passé qui n'est pas si lointain. Les injections
d'hypophyse[7] et les greffes de matières cérébrales, dont j'ai parlé,

---

6. L'exo-cannibalisme est la consommation d'êtres humains considérés comme étrangers,
l'endo-cannibalisme, celle d'êtres humains considérés comme appartenant au groupe.
7. Glande située à la base du cerveau.

autre

les transplantations d'organes devenues pratiques courantes aujourd'hui, relèvent indiscutablement de cette dernière catégorie.
Si variées sont donc les modalités du cannibalisme, si diverses
ses fonctions réelles ou supposées, qu'on en vient à douter que
la notion de cannibalisme, telle qu'on l'emploie couramment,
puisse être définie de façon quelque peu précise. Elle se dissout
30 ou s'éparpille dès qu'on tente de la saisir. Le cannibalisme en soi
n'a pas une réalité objective. C'est une catégorie ethnocentrique :
il n'existe qu'aux yeux des sociétés qui le proscrivent. Toute chair,
quelle qu'en soit la provenance, est une nourriture cannibale pour
le bouddhisme qui croit en l'unité de la vie. À l'inverse, en Afrique,
en Mélanésie, des peuples faisaient de la chair humaine une nourriture comme une autre, sinon parfois la meilleure, la plus respec-
table, la seule, disaient-ils, qui « a un nom ».

© Le Seuil.

Groupements de textes

Questions

1. Comment la rationalité scientifique s'empare-t-elle du phénomène du cannibalisme ?

2. Que cherche à montrer Levi-Strauss ? Identifiez la phrase qui vous semble résumer son idée principale.

3. Le regard de l'ethnologue est-il insensible ? Comment le qualifieriez-vous ? Justifiez votre réponse.

4. Ce texte dégage une impression d'autorité et d'assurance. Relevez des formules qui y participent. Cela le rend-il plus convaincant ?

5. ÉTUDE DE LA LANGUE Lignes 26 à 29 : étudiez l'ordre des mots et la construction syntaxique de la phrase et commentez leurs effets.

LE DOSSIER du lycéen • **101**

Explorer le parcours associé : Notre monde vient d'en trou

Texte 5 Paul-Émile Victor, « Mes amis les Esquimaux »,
article du *Figaro*, 1954

*Paul-Émile Victor est un ethnologue français et un explorateur
des régions polaires. Il a écrit de nombreux livres sur ses voyages. Il a
séjourné plusieurs mois chez les Esquimaux du Groënland, dont il a
appris la langue et partagé le quotidien.*

Il n'y a pas si longtemps de cela que vivait, sur la côte orientale
du Groënland, un vieil Esquimau aux jambes paralysées. S'étant rendu compte qu'il n'était plus d'aucune utilité dans la communauté,
il réunit ses enfants et ses petits-enfants et leur annonça qu'il se jet-
terait dans le fjord[1] le lendemain matin. […] Ayant dit au revoir à
sa famille, le vieil homme, aidé de ses fils, se jeta à l'eau. L'eau était
froide et l'instinct de conservation reprenant le dessus, il se mit à se
débattre. Alors sa fille cadette, celle qu'il aimait le plus et celle qui
10   l'aimait le plus, ayant pitié de lui, lui cria : « Mets la tête dans l'eau,
papa, cela durera moins longtemps. » Racontée ainsi, cette histoire
est choquante. Les Esquimaux sont-ils des sauvages ? […]
Chez les Esquimaux, supprimer les bouches inutiles était une
nécessité biologique, disparue depuis que les Blancs distribuent des
vivres en cas de disette. Une nécessité absolue pour ces populations
qui connaissent chaque année de longues périodes de faim et pour
lesquelles la famine était circonstance courante. La vraie famine : celle
au cours de laquelle on se nourrit de tout ce qui pourrait être comes-
tible : les peaux de phoques qui couvrent le toit de la hutte, celles qui
forment le peauage[2] des kayaks, et tous les vêtements de peaux qui ne
20   sont pas absolument nécessaires ; celle au cours de laquelle les gens
meurent de faim ; celle enfin qui nécessite pour que la famille survive
– et l'instinct de survie est plus fort que toute morale – que l'on se
nourrisse de la chair de ceux qui sont morts les premiers…
Dans des circonstances exactement semblables ne ferions-nous
pas de même, tout « civilisés » que nous sommes ? Ce qui nous re-

---

1. Bras de mer avançant dans la terre après la fonte d'un glacier.
2. Peaux tendues sur la structure de bois du kayak.

102

autre

tiendrait ? Un certain sens de la chose interdite que les Esquimaux possédaient aussi. Mais en plus ils éprouvaient une terreur panique devant l'éventualité de voir l'âme du mort venir se venger.

Car les Esquimaux croient en l'âme. Ou plus exactement, ils
30 croient que le corps humain est habité par un certain nombre d'âmes. Les âmes des articulations d'abord : chaque articulation est habitée par une petite âme qui, si elle quitte le corps, provoque douleur ou maladie. Le « shamane[3] » doit alors rechercher l'âme ou les âmes fugitives et les ramener dans le corps malade. L'âme de la vie enfin, ou « âme-nom », qui loge à la base du cou, à peu près à l'emplacement de la glande thyroïde. Lorsque l'homme meurt, cette âme quitte le corps. Elle grelotte, perdue et sans maître jusqu'à ce qu'elle s'entende appelée de nouveau : un enfant naît, on lui murmure le nom dans l'oreille et l'âme vient se loger
40 bien au chaud dans le petit corps tout neuf où elle restera si elle s'y trouve bien.

© Le Figaro, 1954.

Groupements de textes

Questions

1. Aidez-vous du texte de Claude-Lévi Strauss (p. 100-101) pour définir en termes scientifiques les caractéristiques du cannibalisme pratiqué par les Esquimaux.

2. Comment Paul-Émile Victor justifie-t-il cette pratique ? Quelles croyances des Esquimaux est-il important de connaître pour la comprendre ?

3. Comment l'auteur se situe-t-il par rapport aux Esquimaux dans ce texte ?

4. ÉTUDE DE LA LANGUE Relevez les termes qui installent le lecteur dans le décor d'une culture différente, dans un ailleurs. Pourquoi sont-ils importants ?

---

3. Dans une culture animiste, homme qui sert d'intermédiaire entre les humains et les esprits de la nature.

LE DOSSIER du lycéen • **103**

Explorer le parcours associé : Notre monde vient d'en trouver

Paul-Émile Victor et sa compagne inuit Doumidia, se faisant un « baiser eskimo » avec le nez, Groenland, automne 1936.

2 Le regard étranger

L'expérience du dépaysement (celle de voir le monde à travers les yeux d'un étranger) est un thème littéraire important depuis l'Antiquité. Elle permet de porter un regard neuf sur les coutumes les mieux acceptées (texte 1), de proposer une vision décalée, humoristique et critique, de nos coutumes (textes 2 et 3) ; mais aussi de percevoir l'originalité d'un autre rapport au monde (texte 4). Cependant, chercher à connaître l'étranger, en tant que tel, est une entreprise paradoxale : car connaître l'autre, n'est-ce pas justement arrêter de le voir comme différent ? (texte 5).

Texte 1 Lucien de Samosate, *Anacharsis ou Les Gymnases*, IIe siècle

Lucien est un auteur grec du IIe siècle. Il imagine ici un dialogue entre le philosophe scythe Anacharsis, en visite à Athènes au VIe siècle av. J.-C., et son contemporain Solon, un célèbre législateur athénien. Anacharsis exprime l'étonnement que lui inspirent les entraînements au gymnase, une institution de la cité grecque.

ANACHARSIS. – Pourquoi, Solon, vos jeunes gens agissent-ils de la sorte ? Les uns, étroitement embrassés, se donnent un croc-en-jambe[1] ; d'autres se serrent avec force et se ploient comme de l'osier ; d'autres enfin se roulent dans la boue et s'y vautrent comme des pourceaux[2]. D'abord, ils ont commencé sous mes yeux à quitter leurs vêtements, à s'oindre d'huile, et à se frotter réciproquement d'un air fort calme ; mais bientôt, pris de je ne sais quelle idée, ils se sont rués les uns sur les autres, tête baissée et en se frappant le front comme des béliers. […]

10   SOLON. – Je ne suis pas surpris, Anacharsis, que ce que tu vois faire ici te paraisse bizarre ; c'est pour toi une coutume étrangère

---

1. Croche-pied.

2. Porcs. Anacharsis regarde de jeunes hommes qui s'entraînent à la lutte (enduits de boue) ou au pancrace (sorte de boxe).

et bien éloignée des mœurs de la Scythie. Votre éducation et vos exercices paraîtraient de même fort extraordinaires à nous autres Grecs, si l'un de nous en était témoin, comme tu l'es aujourd'hui des nôtres. Rassure-toi cependant, mon cher ami : ce n'est ni par folie, ni pour se venger d'une injure que nos jeunes gens se frappent, se roulent dans la boue ou s'aspergent de poussière : cet exercice présente une utilité qui n'exclut pas le plaisir, et procure au corps une vigueur singulière. Si tu séjournes quelque temps en Grèce, comme je l'espère, tu ne tarderas pas à être toi-même un de ceux qu'on jette dans la boue ou dans le sable : la chose te semblera tout à la fois agréable et utile.

ANACHARSIS. – Fi[3] donc, Solon ! gardez pour vous cette utilité et cet agrément. Si l'un de vous me faisait une chose pareille, il sentirait que ce n'est pas pour rien que nous sommes armés d'un cimeterre[4].

SOLON. – […] Il y a des concours pour tous ces exercices, le vainqueur est considéré comme au-dessus de tous ses concitoyens, et remporte des prix.

ANACHARSIS. – Et quels sont ces prix ?

SOLON. – À Olympie, c'est une couronne d'olivier sauvage ; à l'Isthme, une couronne de pin ; elle est faite d'ache[5] à Némée ; à Pytho, on donne des fruits cueillis aux arbres consacrés à Apollon, et chez nous, aux Panathénées[6], des olives provenant des oliviers d'Athéna. Pourquoi ris-tu, Anacharsis ? Est-ce que ces prix te paraissent de peu de valeur ?

ANACHARSIS. – Non pas, Solon ; je les trouve magnifiques : tu m'as fait l'énumération de récompenses qui prouvent une lutte de libéralité[7] entre les fondateurs, et dont la conquête mérite les efforts surhumains des athlètes. Il est tout naturel que, pour des fruits et de l'ache, ils se donnent toute cette peine et courent le risque de se faire étrangler ou estropier les uns par les autres. Comme s'il n'était

---

3. Interjection exprimant la désapprobation, le mépris.

4. Sabre recourbé.

5. Plante de la famille du céleri.

6. Fête solennelle en l'honneur d'Athéna.

7. Générosité.

pas facile de se procurer du fruit, quand bon leur semble, et de se couronner d'ache et de pin, sans se barbouiller la figure et sans se faire donner des coups de pied dans le ventre par leurs adversaires !

Trad. E. Talbot (1912).

Couples de lutteurs romains, IIIe siècle, Musée archéologique, Sfax, Tunisie.

Questions

1. De quoi s'étonne Anacharsis ? Relevez les formules qui marquent son amusement et son incompréhension.
2. Comment Solon réagit-il à ses remarques ?
3. Anacharsis est un « barbare » pour les Grecs. En quoi les rôles sont-ils renversés ?
4. Montrez l'ironie de la dernière réplique d'Anacharsis, en relevant les expressions qui y participent.
5. **ÉTUDE DE LA LANGUE** Commentez la valeur du présent dans la première phrase du texte. En quoi contribue-t-elle à la théâtralité de ce dialogue ?

Texte 2 Montesquieu, *Lettres Persanes*, 1721

*Ce roman épistolaire raconte le voyage en Europe de deux Per-
sans, Usbek et Rica. Montesquieu imagine les lettres qu'ils envoient à
leurs amis de Perse pour décrire leur périple. Ici, Rica écrit à Ibben, un
mois après son arrivée à Paris.*

Rica à Ibben

[…] Paris est aussi grand qu'Ispahan[1] : les maisons y sont si
hautes, qu'on jugerait qu'elles ne sont habitées que par des astrolo-
gues. Tu juges bien qu'une ville bâtie en l'air, qui a six ou sept maisons les unes sur les autres, est extrêmement peuplée ; et que, quand
tout le monde est descendu dans la rue, il s'y fait un bel embarras.

Tu ne le croirais pas peut-être, depuis un mois que je suis ici, je
n'y ai encore vu marcher personne. Il n'y a pas de gens au monde qui
tirent mieux partie de leur machine[2] que les Français ; ils courent,
ils volent : les voitures lentes d'Asie, le pas réglé de nos chameaux,
les feraient tomber en syncope. Pour moi, qui ne suis point fait à ce
train[3], et qui vais souvent à pied sans changer d'allure, j'enrage quelquefois comme un chrétien : car encore passe qu'on m'éclabousse
depuis les pieds jusqu'à la tête ; mais je ne puis pardonner les coups
de coude que je reçois régulièrement et périodiquement. Un homme
qui vient après moi et qui me passe me fait faire un demi-tour ; et un
autre qui me croise de l'autre côté me remet soudain où le premier
m'avait pris ; et je n'ai pas fait cent pas, que je suis plus brisé que si
j'avais fait dix lieues.

Ne crois pas que je puisse, quant à présent, te parler à fond des
mœurs et des coutumes européennes : je n'en ai moi-même qu'une
légère idée, et je n'ai eu à peine que le temps de m'étonner.

Le roi de France est le plus puissant prince de l'Europe. Il n'a
point de mines d'or comme le roi d'Espagne son voisin ; mais il a
plus de richesses que lui, parce qu'il les tire de la vanité de ses sujets,

---

1. Ville d'Iran, qui était la capitale du royaume persan.

2. De leur corps.

3. Pas habitué à cette allure.

autre

plus inépuisable que les mines. On lui a vu entreprendre ou soutenir de grandes guerres, n'ayant d'autres fonds que des titres d'honneur à vendre[4] ; et, par un prodige de l'orgueil humain, ses troupes se trouvaient payées, ses places munies, et ses flottes équipées.

30   D'ailleurs ce roi est un grand magicien : il exerce son empire sur l'esprit même de ses sujets ; il les fait penser comme il veut. S'il n'a qu'un million d'écus dans son trésor et qu'il en ait besoin de deux, il n'a qu'à leur persuader qu'un écu en vaut deux, et ils le croient. S'il a une guerre difficile à soutenir, et qu'il n'ait point d'argent, il n'a qu'à leur mettre dans la tête qu'un morceau de papier est de l'argent, et ils en sont aussitôt convaincus[5]. Il va même jusqu'à leur faire croire qu'il les guérit de toutes sortes de maux en les touchant, tant est grande la force et la puissance qu'il a sur les esprits. [...]

Lettre XXIV.

Groupements de textes

Questions

1. Récapitulez les sujets d'étonnement de Rica.

2. De quoi se moque-t-il dans la première partie du texte ? Relevez les traits d'humour et d'autodérision.

3. Le ton est-il exactement le même dans la seconde partie du texte ? Quel sentiment Rica semble-t-il ressentir vis-à-vis du roi ? Justifiez.

4. Quelles formules laissent penser qu'il n'est pas aussi naïf qu'il le prétend ?

5. Quel avantage Montesquieu tire-t-il ici du regard de l'étranger ?

6. ÉTUDE DE LA LANGUE Observez l'enchaînement des propositions et commentez le rythme de la phrase : « ils courent... en syncope. » (l. 8-10)

---

4. Louis XIV a vendu des titres de noblesse.

5. Louis XIV, durant son règne, a fait varier à plusieurs reprises la valeur des monnaies. Il a également imposé à ses créanciers des *billets de monnaie* en paiement de ses dettes.

LE DOSSIER du lycéen • **109**

Explorer le parcours associé : Notre monde vient d'en trou

Texte 3 Denis Diderot, *Supplément au Voyage de Bougainville*, 1772

Denis Diderot écrit sous forme de dialogue philosophique un complément au journal de voyage de l'explorateur Bougainville qui a découvert Tahiti. La description des mœurs tahitiennes suscite une réflexion critique sur les valeurs européennes. Ici, le Tahitien Orou a proposé à l'aumônier français de passer une nuit avec sa femme ou l'une de ses filles, en signe d'hospitalité.

L'aumônier[1] répondit que sa religion, son état[2], les bonnes mœurs et l'honnêteté ne lui permettaient pas d'accepter ces offres. Orou répliqua :

– Je ne sais ce que c'est que la chose que tu appelles religion ; mais je ne puis qu'en penser mal, puisqu'elle t'empêche de goûter un plaisir innocent, auquel nature, la souveraine maîtresse, nous invite tous ; de donner l'existence à un de tes semblables ; de rendre un service que le père, la mère et les enfants te demandent ; de t'acquitter[3]
10 avec un hôte qui t'a fait un bon accueil, et d'enrichir une nation, en l'accroissant d'un sujet de plus. Je ne sais ce que c'est que la chose que tu appelles état[4] ; mais ton premier devoir est d'être homme et d'être reconnaissant. Je ne te propose point de porter dans ton pays les mœurs d'Orou ; mais Orou, ton hôte et ton ami, te supplie de te prêter aux mœurs d'Otaïti[5]. Les mœurs d'Otaïti sont-elles meilleures ou plus mauvaises que les vôtres ? c'est une question facile à décider. La terre où tu es né a-t-elle plus d'hommes qu'elle n'en peut nourrir ? en ce cas tes mœurs ne sont ni pires, ni meilleures que les nôtres. En peut-elle nourrir plus qu'elle n'en a ? nos mœurs sont meilleures que
20 les tiennes. Quant à l'honnêteté que tu m'objectes, je te comprends ; j'avoue que j'ai tort ; et je t'en demande pardon. Je n'exige pas que

---

1. Prêtre, membre de l'expédition de Bougainville.

2. Son statut de religieux.

3. Te rendre quitte, rendre un service en échange d'un autre.

4. L'état de prêtre.

5. Tahiti.

autre

tu nuises à ta santé ; si tu es fatigué, il faut que tu te reposes ; mais j'espère que tu ne continueras pas à nous contrister[6]. Vois le souci que tu as répandu sur tous ces visages : elles craignent que tu n'aies remarqué en elles quelques défauts qui leur attirent ton dédain. Mais quand cela serait, le plaisir d'honorer une de mes filles, entre ses compagnes et ses sœurs, et de faire une bonne action, ne te suffirait-il pas ? Sois généreux !

L'AUMÔNIER. – Ce n'est pas cela : elles sont toutes quatre
30 également belles ; mais ma religion ! mais mon état !

Questions

1. Identifiez au fil du texte les arguments par lesquels Orou tente de convaincre ou de persuader l'aumônier d'accepter son offre.

2. Quelles mœurs et valeurs européennes sont critiquées dans ce texte ?

3. Quelles formules d'Orou montrent qu'elles ne sont pas si évidentes ?

4. Quel effet créent les deux répliques de l'aumônier qui encadrent le discours d'Orou ?

5. ÉTUDE DE LA LANGUE Quelles formes de discours rapporté et de proposition subordonnée sont employées dans la première phrase de l'extrait ?

Groupements de textes

---

6. Attrister, blesser.

Explorer le parcours associé : Notre monde vient d'en trou

Texte 4 Carlos Fuentes, « Les deux rives », 1993

Jerónimo de Aguilar, un compagnon de Cortés, secrètement parti-
san des Indiens, rapporte son histoire comme une voix venue d'outre-
tombe. Il donne ici sa vision de Moctezuma, souverain aztèque, garant
sacré d'une religion qui suppose un rapport au monde profondément
différent de celui des Européens.

Moctezuma : Comprenons-nous à quel point la pratique politique tortueuse[1] lui était étrangère, et à quel point familière, en revanche, la proximité d'un monde religieux impénétrable aux Européens ? [...] Je le voyais comme une bête traquée. Qui plus est, cet
homme raffiné m'apparaît, maintenant que la mort nous a rendus
égaux, non seulement comme la personne scrupuleuse et d'une
courtoisie infinie que nous avons connue en arrivant à Mexico,
mais comme le premier homme, toujours le premier, émerveillé que
le monde existe et que la lumière soit tout au long de chaque jour
10 jusqu'à disparaître dans la cruauté de chaque nuit. Son devoir consis-
tait à être, toujours au nom de tous, le premier homme à demander :
– Le jour va-t-il renaître ?
Cette question était plus importante aux yeux de Moctezuma et
des Aztèques que de savoir si Narváez[2] allait battre Cortés, ou Cortés l'emporter sur Narváez, ou les Tlaxcaltèques[3] sur Cortés, ou si
Moctezuma allait succomber devant tout ce monde : tant qu'il ne
succombait pas devant les dieux.
La pluie allait-elle revenir, le maïs allait-il pousser, le fleuve
continuer à couler, la bête à bramer ?
20 Tout le pouvoir, l'élégance et la distance même de Moctezuma étaient
les attributs d'un homme récemment arrivé dans les contrées de l'aube. Il
était le témoin du premier cri et de la première terreur. Peur et gratitude
se confondaient en lui, derrière l'apparat des panaches et des colliers, des
cortèges de suivantes, des seigneurs tigres et des prêtres couverts de sang.

In L'Oranger, © Gallimard, trad. C. Zins, 1993, © 1993 by Carlos Fuentes.

---

1. Compliquée et sans franchise.

2. Conquistador rival de Cortés, qui fut vaincu par lui.

3. Habitants de Tlaxcala qui combattirent Cortés avant de s'allier à lui contre les Aztèques.

L'empereur aztèque Moctezuma II (v. 1466-1520),
gravure tirée de l'*Histoire de la conquête de Mexico* (1847).

Questions

1. Relevez les expressions qui font de Moctezuma un personnage énigmatique.
2. Relevez des formules qui donnent au texte une dimension lyrique et poétique.
3. Quels sentiments le narrateur semble-t-il ressentir vis-à-vis de Moctezuma et des Aztèques ?
4. Par quels procédés le narrateur essaie-t-il de restituer la vision du monde des Aztèques ?
5. ÉTUDE DE LA LANGUE Quel effet produit ici l'utilisation de l'imparfait, notamment des formes à l'imparfait du verbe « être » ?

Texte 5 Claude Lévi-Strauss, *Tristes Tropiques*, 1955

L'auteur est ethnologue : il étudie les peuples, leur culture et leurs langues. En voyage d'exploration au Brésil, il rapporte ses doutes après qu'il a atteint une peuplade reculée du pays, alors qu'il est épuisé par le voyage et découragé par le peu de temps dont il dispose.

Pourtant, cette aventure commencée dans l'enthousiasme me laissait une impression de vide.

J'avais voulu aller à l'extrême pointe de la sauvagerie ; n'étais-je pas comblé, chez ces gracieux indigènes que nul n'avait vus avant moi, que personne peut-être ne verrait plus après ? Au terme d'un exaltant parcours, je tenais mes sauvages. Hélas, ils ne l'étaient que trop. Leur existence ne m'ayant été révélée qu'au dernier moment, je n'avais pu leur réserver le temps indispensable pour les connaître. […] Ils étaient là, tout prêts à m'enseigner leurs coutumes et leurs
10 croyances, et je ne savais pas leur langue. Aussi proches de moi qu'une image dans le miroir, je pouvais les toucher, non les comprendre. Je recevais du même coup ma récompense et mon châtiment. Car n'était-ce pas ma faute de croire que des hommes ne sont pas toujours des hommes ? Que certains méritent davantage l'intérêt et l'attention parce que la couleur de leur peau et leurs mœurs nous étonnent ? Que je parvienne seulement à les deviner, et ils se dépouilleront de leur étrangeté : j'aurais aussi bien pu rester dans mon village. Ou que, comme ici, ils la conservent : et alors, elle ne me sert à rien, puisque je ne suis pas même capable de saisir ce qui
20 la fait telle.

© Plon.

Claude Lévi-Strauss en Amazonie, au Brésil vers 1936.

Questions

1. Quel regard Lévi-Strauss porte-t-il sur lui-même ?
2. Quelles sont les raisons de la frustration de l'ethnologue ? Montrez qu'il y en a deux, une relative à la situation dans laquelle il se trouve concrètement, une autre plus profonde, relative à son travail et à son sens.
3. Que reflètent les nombreuses interrogations ?
4. Commentez et expliquez l'expression « ma récompense et mon châtiment » (l. 12-13).
5. **ÉTUDE DE LA LANGUE** Identifiez la phrase où le temps des verbes passe du passé au présent. Quelle est la valeur du présent ? Est-ce la même dans la suite du texte ?

LE DOSSIER du lycéen • 115

Vers le BAC

LA DISSERTATION

SUJET 1 « Il n'y a pas d'apprentissage sans exposition, souvent dangereuse, à l'autre. » (Michel Serres, *Le Tiers-instruit*, 1991).
Les deux essais de Montaigne, « Des Cannibales » et « Des
coches », qui traitent du Nouveau Monde,
sont-ils l'occasion d'un apprentissage ? Répondez à cette question en utilisant votre connaissance de l'œuvre et du parcours
associé.

Conseils de méthode :

● Prenez le temps de bien réfléchir à la question et à la citation, en la
reformulant.

● À partir des mots-clés « exposition », « dangereuse », « apprentissage »,
vous devez :

– **réfléchir** au rapport entre **la rencontre avec l'autre** (conçue comme une
« exposition », une rencontre où l'on est touché par l'autre, donc souvent
« dangereuse ») et l'« **apprentissage** ». Ce terme est le plus ambigu et le plus
riche ;

– montrer que les *Essais* sont l'occasion d'un apprentissage par « **l'exposition
à l'autre** » ;

– **définir** l'« **apprentissage** » : expérience concrète de progrès vers la connaissance, qui peut être une ouverture sur le monde (« découverte » de l'autre, de
l'inconnu) ; sur la vie, par la multiplication des expériences ; une interrogation
sur soi-même, une prise de conscience de nos préjugés.

● Notez au brouillon les **exemples** à associer à vos idées. Chacune de vos
affirmations doit être illustrée par au moins un exemple tiré du texte de
Montaigne, et éventuellement complété par les textes des parcours associé
(p. 93-115). Vos références à ces textes doivent être précises.

● Établissez un **plan** simple et clair qui montre la progression dans votre réponse :

– **l'introduction** présente le **sujet** et l'interprète, le reformule pour en dégager
les **enjeux**. Elle doit aussi annoncer les **étapes du plan**.

– **Au fil du développement de la dissertation**, chaque partie commence par
une phrase qui présente son idée principale, comme une « phrase-titre ».
1 paragraphe = 1 idée.

– La **conclusion** propose une **réponse** claire au questionnement de départ en résumant l'essentiel du propos.

> **Structure**
> - Une dissertation est un devoir structuré.
> - **Il faut :**
> – sauter une ligne entre chaque grande partie ;
> – aller à la ligne en marquant un alinéa pour chaque paragraphe au sein d'une partie ;
> **Il ne faut pas :**
> – faire figurer le plan sous forme de titres.

Proposition de plan :

I. Les dangers et les joies de la découverte de l'autre

   a. Une découverte effrayante ou perturbante

   – Pratiques « étranges » et parfois « choquantes » recensées dans « Des Cannibales » ; et réciproquement point de vue des Indiens sur les terrifiants Européens dans « Des coches ».

   – La rencontre avec l'autre est inquiétante, et peut parfois être dangereuse.

   b. Une découverte exaltante

   – L'intérêt pour la différence elle-même.

   – Le plaisir que prend Montaigne à relater des détails ethnographiques sur les Cannibales ; son émerveillement devant le Nouveau Monde : la simplicité naturelle des Cannibales, la splendeur de certaines réalisations comme le jardin du roi du Mexique ou la voie royale construite de Quito à Cuzco au Pérou.

II. L'épreuve du retour sur soi

   a. La rencontre comme épreuve, expérience révélatrice

   – L'expérience de la conquête de l'Amérique agit comme un révélateur de la cruauté et de la cupidité des Européens. Exemples du traitement des rois et des massacres de masse dans « Des coches », qui suscitent l'indignation de Montaigne.

   – La représentation de l'arrogance des Européens si sûrs d'eux dans la rencontre avec les Cannibales à Rouen.

b. Au miroir de l'autre

– La découverte de l'autre nous permet de porter un autre regard sur nous-mêmes. Ainsi en découvrant le mode de vie des Cannibales nous pouvons mesurer notre propre éloignement d'avec la Nature. Récits mythiques des Aztèques, qui nous invitent à réfléchir différemment à nos propres mythes.

– L'autre nous révèle plus largement quelque chose sur l'homme en général, et donc sur nous-mêmes.

III. L'expérience du décentrement est la condition d'un apprentissage véritable

a. Entendre le point de vue de l'autre est une expérience difficile mais essentielle. Exemples : Montaigne rapportant les paroles des Cannibales à Rouen, ou la réponse des Indiens au *requerimiento*, dans « Des Coches ».

b. « Se connaître soi-même »

– La rencontre nous permet de reconnaître nos préjugés et les limites de notre connaissance, du monde et de nous-mêmes.

– Rappeler les affirmations sceptiques de Montaigne, et comment il dénonce l'aveuglement courant de nos jugements, notamment sur la « barbarie ». L'exposition à l'autre permet aussi de reconnaître nos limites et la variété infinie de l'expérience humaine.

LA DISSERTATION

SUJET 2 La découverte du Nouveau Monde a été la grande aventure du XVIe siècle. Peut-on dire que les *Essais* sont un texte « aventureux » ? Répondez à cette question en vous appuyant sur votre lecture de « Des Cannibales » et « Des coches », ainsi que sur votre connaissance du parcours associé.

Conseils de méthode :

● **Pensez :**

a. à tout ce que peut recouvrir le terme d'« **aventure** », à ses connotations : l'inconnu, le hasard, l'audace, le danger...

b. à tout ce à quoi il peut s'appliquer dans les *Essais* :
   – l'aventure concrète de la conquête de l'Amérique (émerveillement et destruction tragique) ;
   – l'aventure dans l'écriture même des *Essais* (œuvre très originale, échappant aux contraintes de formes et de genres littéraires) ;
   – l'aventure intellectuelle enfin que comporte le projet de Montaigne.

● **Organisez** ces pistes pour établir un plan de dissertation.

● **Utilisez des exemples précis** et pertinents qui appuieront le développement de vos idées.

Proposition de plan :

I. L'aventure américaine dans les *Essais*.

II. L'aventure de l'écriture (dans la langue française, dans les dédales d'une pensée en mouvement, dans une expérience littéraire qui s'ancre aussi dans les textes antiques).

III. L'audace de la remise en question et d'une interrogation sur soi.

Vers le BAC

LE DOSSIER du lycéen ● **119**

Vers le BAC

Exemple d'introduction rédigée

Dans les *Essais*, Montaigne se peint lui-même comme cheminant « à l'aventure », cherchant à préciser sur divers sujets ses opinions et ses sentiments pour les partager avec son lecteur.

Il aborde ainsi, avec une passion partagée par les hommes de son temps, le sujet de la découverte du Nouveau Monde. Tout le chapitre « Des Cannibales » (*Essais*, I, 31) ainsi que la seconde partie de « Des Coches » (*Essais*, III, 6) y sont consacrés. Bien que Montaigne écrive son texte dans l'enceinte de sa bibliothèque, et n'ait pas mis le pied en Amérique, on peut envisager une affinité entre son intérêt pour les terres nouvelles, les coutumes et le sort des Amérindiens, et le projet même des *Essais*. Le livre de Montaigne serait-il, non pas un livre d'aventures, mais un livre « aventureux » ? Le terme implique l'idée d'une découverte, mais aussi d'une prise de risque face à l'inconnu, aux hasards du voyage et de l'ailleurs : une forme d'audace. Reconnaît-on ces traits dans le texte de Montaigne ?

Ce questionnement invite d'abord à considérer ce qui intéresse Montaigne dans la découverte de l'Amérique. On s'interrogera aussi sur l'expérience d'écriture et de lecture permise par la forme de l'essai, où la pensée cherche à se dégager des préjugés pour accéder à une « voie de la raison ». Nous pourrons alors mieux apprécier l'audace de Montaigne lorsqu'il se confronte à l'autre et vit, à sa manière, l'aventure américaine.

Exemple de conclusion rédigée

Sur le sujet de l'Amérique, plus que sur aucun autre, on perçoit combien la démarche de Montaigne n'est pas « hasardeuse », mais bien « aventureuse ». Montaigne assume une position polémique et railleuse envers les certitudes de son temps, et une indignation profonde contre la violence de la conquête qui a ruiné les promesses du Nouveau Monde. C'est une aventure manquée, gâchée, et finalement perdue que déplore Montaigne. Il ne peut protester contre cette perte que par l'aventure de l'écriture elle-même, espace de liberté qui ne dépend pas des préjugés de la « voix commune ». De manière modeste, mais réelle, il est possible de s'y aventurer vers une meilleure connaissance de l'homme et de soi-même.

L'ORAL DU BAC

PREMIÈRE PARTIE

L'exposé oral sur un des textes du descriptif

- **Temps de préparation :** 30 minutes
- **Durée de l'exposé :** 12 minutes
- **Barème :** 12 points
- L'examinateur propose au candidat l'un des textes de son descriptif, ainsi qu'une question de grammaire qui porte sur un bref extrait (phrase ou partie de phrase) du texte à travailler.
- À l'issue du temps de préparation, le candidat expose son analyse du texte en respectant la démarche suivante : situation du texte dans l'œuvre ou dans le groupement choisi par le professeur, lecture expressive, explication linéaire et réponse à la question de grammaire.

EXTRAIT CHOISI « Notre monde vient d'en trouver un autre... » à « ... vendus et trahis eux-mêmes » (p. 58 à 59, l. 386 à 415)

1 Le texte et sa présentation

- Votre examinateur vous soumettra, pour la lecture linéaire, un texte issu du descriptif construit par votre professeur. Les documents officiels indiquent que le texte ne devra pas excéder une vingtaine de lignes de prose continue : le cas échéant, votre examinateur pourra donc sélectionner une partie d'un texte.

Conseils de méthode :

- Notez **au brouillon** les **étapes essentielles de votre exposé**, sans rédiger.
- Utilisez des **couleurs** sur votre texte pour faire ressortir des **éléments importants**.

Vers le BAC

LE DOSSIER du lycéen • **121**

Vers le BAC

- Faites-vous confiance pour **formuler vos idées** directement lors de l'exposé.

- **Présentez le texte** en le situant dans l'ensemble de l'essai. Ici, rappelez qu'il s'agit du début de la deuxième partie de « Des coches », et qu'il n'a pas encore été question du Nouveau Monde. Indiquez aussi que ce texte introduit une dénonciation de la conquête de l'Amérique, présentée, non comme un sujet de gloire, mais de honte pour les conquérants.

- Lisez le texte **à voix haute**.

> **LECTURE ORALE**
>
> La lecture est une étape essentielle de l'explication. Elle est notée sur 2 points.
>
> - Ne lisez pas trop vite.
>
> - Respectez la ponctuation et veillez à donner vie au texte en exprimant ses tonalités.

2 L'explication linéaire à l'oral

- **Introduisez votre explication** en partant d'une **question générale** sur l'extrait. Présentez **le plan** que vous allez suivre, en délimitant les grandes parties du texte et son mouvement.

- **Développez l'explication** en citant le texte et en vous appuyant sur des remarques précises sur sa forme et ses procédés d'écriture. Soulignez les transitions entre les grandes parties de votre explication.

- **Concluez** par une réponse claire et concise à la question posée en introduction.

> **Exemple de plan détaillé**
>
> *Les mots soulignés sont les procédés d'écriture.*
>
> **Question générale :** Comment Montaigne présente-t-il ici le Nouveau Monde ?
>
> **I. Le Nouveau Monde vu comme un « monde enfant »**
>
> **a.** Insistance sur la surprise – qui devrait être joyeuse et heureuse puisqu'il s'agit d'un monde « frère » (l. 387).
>
> **b.** À partir de ce terme, <u>métaphore filée</u> du « monde enfant ». Le Nouveau Monde est <u>personnifié</u> : « grand, plein et membru », un enfant « si nouveau qu'on lui apprend encore son ABC », qui ne « savait… », « tout nu au giron de sa mère nourrice » (l. 385-393).

122

c. Montaigne joue de la <u>personnification</u> en l'amplifiant avec humour : l'univers est vu comme un homme qui risque de devenir paralysé : « l'un membre sera perclus, l'autre en vigueur » (l. 396).

d. Cette dernière phrase montre bien l'intention de Montaigne : non pas considérer avec condescendance ce « monde enfant », mais mettre en valeur sa vigueur, sa proximité avec la Nature. <u>L'énumération</u> « ni lettres, ni poids... » (l. 391) n'exprime pas le mépris mais l'émerveillement devant un état d'ignorance naturelle assimilé à une forme d'innocence. La métaphore de l'enfant est chargée d'affection et d'espoir.

II. Un espoir trahi, une occasion manquée

a. <u>Transition</u> par l'idée d'une communication néfaste entre ces deux « membres » d'un seul corps. L'image du « monde enfant » (l. 399) évoque une éducation possible et une responsabilité. Or, les Européens n'ont usé d'aucune mesure légitime pour imposer leur autorité.

b. Même la force, source d'autorité dans l'éducation (contexte du xvie siècle) n'a pas été utilisée de manière juste (ce sont des forces artificielles et traîtresses qu'ont mises en œuvre les Européens, Montaigne va y revenir). Il présente tous les moyens qui *n'ont pas été* employés pour s'imposer au Nouveau Monde d'une manière qui eût été légitime.

c. On remarque alors une <u>déviation</u>, habituelle dans les *Essais* : Montaigne <u>laisse en suspens</u> la révélation de ce qu'ont fait les Européens, pour en revenir aux qualités du Nouveau Monde. Le <u>raisonnement sous-entendu</u> est qu'une communication pacifique, d'égal à égal, était parfaitement possible car « [les Indiens] ne nous devaient rien en clarté d'esprit naturelle... » (l. 404).

d. La <u>description</u> des villes de Cuzco et de Mexico, en particulier du jardin du roi, intervient comme <u>preuve</u> de l'affirmation précédente (l. 405-412). Commenter <u>l'énumération</u> des merveilles et les termes qui <u>renforcent</u> l'expression de l'émerveillement (« *épouvantable* magnificence », « *tous* les arbres, les fruits, *toutes* les herbes », avec une gradation dans la minutie de la réalisation...). <u>Renversement</u> : le monde enfant se révèle un monde accompli qui ne le cède en rien à l'Europe.

Vers le BAC

e. Seconde énumération : les vertus des Indiens. L'opposition entre « nous » et « ils » se renforce et les rapports des deux termes changent encore : la supériorité des Amérindiens est affirmée. Le paradoxe est qu'elle explique leur défaite : leur supériorité morale les a conduits à leur perte. Quant à « nous », Européens, nous avons vaincu *en vertu de notre malhonnêteté*. Ce paradoxe est la clé du sentiment de scandale qui s'exprime dans la dernière phrase : « Ils se sont *perdus par cet avantage...* » (l. 414-415)

Conclusion

Montaigne fait passer son lecteur de l'émerveillement à l'horreur en l'obligeant à considérer la conquête comme la trahison d'un monde « frère », détruit car ses merveilles et ses promesses n'ont pas été respectées par les conquérants sans scrupules.

3 La question de grammaire

- Durée : 2 minutes
- La question de grammaire porte sur le texte. Elle vise l'analyse syntaxique d'une courte phrase ou d'une partie du texte.

SUJET « Bien crains-je que nous aurons bien fort hâté sa déclinaison et sa ruine et que nous lui aurons bien cher vendu nos opinions et nos arts. » (l. 397-399) Analysez la construction de la phrase et les temps des verbes. Interprétez la valeur de ces temps.

Question de grammaire corrigée

La phrase est composée d'une proposition principale « Bien crains-je » complétée par deux propositions conjonctives coordonnées : « que nous aurons bien fort hâté... » « et que nous lui aurons bien cher vendu... ». Le présent de la principale est un présent d'énonciation qui renvoie au moment de l'écriture. Les verbes des deux subordonnées sont au futur antérieur. Le choix de ce temps est intéressant, car il envisage une action future (par rapport au présent) mais comme étant déjà révolue. L'emploi de ce temps redouble l'expression de la crainte, en déplorant d'ores et déjà la ruine du Nouveau Monde comme un fait accompli.

DEUXIÈME PARTIE

L'entretien avec l'examinateur sur l'œuvre étudiée

- **Durée :** 8 minutes
- **Barème :** 8 points
- **Premier temps de l'épreuve :** présentation par le candidat d'une œuvre choisie parmi celles étudiées en lecture intégrale en classe avec le professeur, et exposé argumenté des raisons de ce choix.
- **Second temps de l'épreuve :** entretien avec l'examinateur sur cette œuvre.

1 La présentation de l'œuvre choisie

Vous choisirez de présenter à votre examinateur l'une des quatre œuvres intégrales, une par objet d'étude, étudiées durant l'année.

- **Choisissez une œuvre que vous avez aimée**, ou qui vous a interrogé(e), ou même intrigué(e). Il ne s'agit pas simplement de parler « sur » l'œuvre, mais de défendre votre choix et votre lecture, à l'aide d'arguments construits, élaborés à l'avance, étayés par des exemples précis qui démontrent votre connaissance approfondie de l'œuvre en question et aussi des textes abordés dans le parcours associé.

- **Préparez cet exercice durant l'année** en élaborant un dossier personnel sur les œuvres, à partir d'un carnet **de lecture** dans lequel vous noterez **vos impressions de lecteur, vos remarques**, tout ce à quoi cette lecture vous fait penser, les **références** que vous pouvez mobiliser pour en discuter.

- Si vous choisissez de présenter les deux chapitres des *Essais* de Montaigne, voici des **exemples de questions** auxquelles vous devrez pouvoir répondre avec précision :

    – Pour quelles raisons avez-vous choisi cette œuvre ? En quoi vous a-t-elle intéressé(e), interrogé(e), touché(e) ?

    – Qui est Montaigne ? Quelles sont les visées et les particularités de ses *Essais* ? Pourquoi ce titre est-il au pluriel ?

    – Que signifient les titres « Des Cannibales » et « Des coches » ? Pourquoi associer ces deux chapitres ?

Vers le BAC

LE DOSSIER du lycéen • **125**

Vers le BAC

– Quel regard Montaigne porte-t-il sur le Nouveau Monde et sur les peuples amérindiens ?

– Quels jugements formule-t-il envers les conquérants européens ?

– Quelle réflexion sur la notion de « barbarie » est développée dans ces deux chapitres ?

– Quels passages précis des deux chapitres vous ont le plus marqué(e) ?

– Quelles citations de Montaigne retenez-vous ?

– Quelles difficultés cette lecture vous a-t-elle posées ?

– Que nous apporte aujourd'hui la lecture de Montaigne ?

– Dans quelle mesure l'œuvre de Montaigne a-t-elle inspiré les ethnologues modernes ?

2 L'entretien avec l'examinateur

● Durant cette dernière partie de l'examen, l'examinateur s'appuie sur les éléments que vous aurez exposés pour évaluer votre capacité à **dialoguer**, à étoffer, **nuancer** ou parfois **remettre en cause votre réflexion**, à **défendre votre point de vue** de lecteur avec justesse et sensibilité, et à **tisser des liens entre les textes**, entre les œuvres littéraires et artistiques, ou entre les époques d'hier et d'aujourd'hui.

● Il ne s'agit pas d'un interrogatoire, mais d'un **échange ouvert** à partir d'une expérience de lecture d'une œuvre.

Lexique

● **Ambivalent :** qui comporte des aspects opposés, et peut donc être apprécié de plusieurs manières.

● **Antithèse :** rapprochement de termes de sens opposé, pour souligner un contraste ou une contradiction.

● **Cannibales :** le terme « cannibale » vient d'un mot indien, *cariba*, désignant certains Indiens des Caraïbes. Christophe Colomb déforme le terme par une double association : au grand Khan (roi d'Orient dont il espérait rencontrer des sujets), et à l'espagnol *can*, du latin *canis*, qui signifie « chien ». Les mangeurs d'hommes se trouvent ainsi déshumanisés et le mot « cannibalisme » se charge d'un imaginaire horrifiant. Chez Montaigne, qui se fait un plaisir d'utiliser ce terme, par provocation, les Cannibales sont les Indiens Tupinambas du Brésil.

● **Coches :** terme générique pour renvoyer à des véhicules, maritimes ou terrestres.

● **Conquistadores** (*conquistador*, au singulier) **:** les « conquérants », en espagnol et en portugais, sont les explorateurs et les chefs d'expédition qui ont mené la conquête du Nouveau Monde. Les plus célèbres d'entre eux sont Hernán Cortés, au Mexique et Francisco Pizarro, au Pérou.

● **Discours rapporté :** le discours rapporté permet de reproduire un propos oral dans un texte. On distingue habituellement quatre types de discours rapporté : le discours direct, le discours indirect, le discours indirect libre et le discours narrativisé.

● **Essai :** l'essai est une forme argumentative très libre dans laquelle un auteur présente une réflexion personnelle. Montaigne est le premier représentant du genre : dans les *Essais*, il « essaie son jugement » sur toutes sortes de sujets, ce qui lui permet de s'éprouver, et de mieux se connaître. L'essai n'est pas dogmatique, il privilégie une approche réflexive : la pensée est à l'affût d'elle-même.

● **Ethnocentrisme :** l'ethnocentrisme désigne le fait de privilégier *a priori* les valeurs de sa propre culture dans le regard porté sur d'autres cultures, d'autres coutumes.

● **Ethnographie :** l'ethnographie est une science sociale qui consiste dans l'étude des cultures et des modes de vie de groupes humains.

● **Exemples et contre-exemples :** le discours de Montaigne n'est jamais purement théorique. Montaigne s'intéresse à la vie, et sa pensée est tout entière tournée vers l'expérience. Son propos se déroule à travers une accumulation d'exemples (des faits concrets qui appuient une idée) et de contre-exemples (qui contredisent une idée).

Lexique

● **Explicite :** relatif à ce que l'on dit clairement.

● **Implicite :** relatif à ce qui est sous-entendu.

● **Métaphore (filée) :** figure de style qui consiste à désigner une chose par une autre selon un principe d'analogie (par exemple : le Nouveau Monde représenté comme un « enfant »). On « file » une métaphore quand on tisse et développe l'image à travers plusieurs termes.

● **Pastiche :** exercice qui consiste à imiter le style d'un auteur.

● **Pathétique :** tonalité qui accentue l'expression des sentiments pour émouvoir, susciter la compassion.

● **Période :** longue phrase dont la construction, le rythme, l'équilibre sont particulièrement soignés. Montaigne sait utiliser ce type de phrases, sans excès, à des fins d'expressivité.

● **Polémique :**
– L'adjectif vient du grec « *polemos* », « la guerre ». Il désigne une attitude ou un propos qui cherche à critiquer une opinion ou une situation.

– Le nom commun désigne un débat, un conflit en paroles.

● **Prétérition :** figure de style qui consiste à aborder un sujet tout en disant que l'on ne va pas en parler. C'est par exemple ce que fait Montaigne dans « Des coches » quand il aborde le sujet des chars de guerre.

● **Redondance :** figure de style qui consiste à développer l'expression d'une idée sous la forme de plusieurs mots qui peuvent paraître se redoubler, se superposer au moins en partie.

● **Satirique :** qui a une tonalité de critique moqueuse.

● **Thèse :** idée principale défendue dans un texte.

● **Ton, tonalité :** le ton ou la tonalité d'un texte recouvre les sentiments qui s'expriment dans celui-ci, que l'on peut percevoir comme dans l'intonation d'une voix. Il faut distinguer cette notion de « tonalité » de la notion de « registre », qui désigne des catégories expressives plus figées, liées à l'histoire de la littérature et des codes qui lui sont propres (registre épique, tragique, lyrique, élégiaque…).

Conseils de lecture

Aimé Césaire, *Cahier de retour au pays natal*, 1947

Le poète martiniquais exprime sa révolte contre la domination de la civilisation occidentale.

Didier Daeninckx, *Cannibale*, 1998

Les aventures tragiques et pleines de péripéties d'un kanak de Nouvelle-Calédonie, amené à Paris avec quelques compagnons pour participer à la reconstitution d'un village calédonien lors de l'Exposition coloniale de 1931.

Jean-Claude Carrière, *La Controverse de Valladolid*, 1992

Jean-Claude Carrière fait revivre la controverse enflammée qui opposa en 1550-1551 le frère Bartolomé de Las Casas et le théologien Sepulveda, à propos des Indiens d'Amérique et de la légitimité de leur asservissement.

Carlos Fuentes, *L'Oranger*, 1993

Trois nouvelles de ce recueil abordent l'histoire de la découverte de l'Amérique. Dans « Les deux rives », un compagnon de Cortés, traître à la cause, rapporte ses mésaventures ; les deux fils de Cortés débattent dans « Les fils du *conquistador* » ; un marin génois nous livre d'étonnants fragments de son journal dans « Les deux Amériques ».

Joseph Conrad, *Au cœur des ténèbres*, 1925

Cette nouvelle nous transporte au cœur de l'Afrique noire avec Charles Marlowe, officier britannique, pour une rencontre saisissante avec un monde lointain et une réflexion sur l'humanité.

Claude Lévi-Strauss, *Tristes tropiques*, 1955

L'auteur rapporte ici l'expérience exaltante de ses premières expéditions en tant que jeune ethnologue au Brésil. On peut lire en particulier les chapitres XXI à XXIII sur les Indiens Bororo.

LE DOSSIER du lycéen • 129

Notes

Notes

Notes

Crédits photographiques

Couverture : Théodore de Bry (1528-1598), *Christophe Colomb à Hispaniola*, gravure colorée tirée de *L'Histoire critique de l'Amérique*, Londres, 1886, collection privée, © Bridgeman Images.

4 : BIS/Ph. Coll. Archives Larbor.

9 : BIS/Ph. Coll. Archives Larbor.

11 : Théodore de Bry (1528-1598), *Après avoir vaincu l'ennemi, rites solennels devant les trophées*, extrait de la *Brevis Narratio*, 1563, Service Historique de la Marine, Paris, © BIS / Ph. Coll. Archives Bordas.

27 : BIS/Ph. © Archives Bordas.

60 : BIS/Ph. © Archives Bordas.

85 : © HEMIS.fr/Marc Dozier.

89 et plat II : BIS / Ph. Coll. Archives Larbor.

92 et plat III : © British Library/Robana/Leemage.

95 : BIS / Ph. Coll. Archives Nathan.

104 : © Rue des Archives/Fonds Paul Émile Victor.

107 : © Gilles Mermet/La collection.

113 : © AKG/Middle Temple Library/Science Photo Library.

115 : © rue des archives /PVDE.

Conception graphique : Élise Launay
Design de couverture : Élise Launay
Recherche iconographique : Annie-Claire Auliard
Mise en page : Fa Compo
Fabrication : Camille Friquet
Édition : Valérie Antoni

Dans la même collection

Carrés classiques BAC

Apollinaire, *Alcools*

Baudelaire, *Les Fleurs du Mal*

Beaumarchais,
Le Mariage de Figaro

Hugo, *Les Contemplations*

La Fontaine, *Les Fables*

Madame de Lafayette,
La Princesse de Clèves

Molière, *L'École des femmes*

Montaigne, *Les Essais*

Racine, *Phèdre*

Carrés classiques LYCÉE

31. *L'Encyclopédie* (textes choisis)

75. *L'Homme en débat*
au XVIIIe siècle (anthologie)

82. *Nouvelles réalistes*
et naturalistes (anthologie)

103. *Paroles de femmes*
(anthologie)

107. *Poésie et politique*
(anthologie)

106. *Rencontrer l'autre*
(anthologie)

110. *Une terre et des hommes*
(anthologie)

85. Apollinaire, *Alcools*

33. Balzac, *Gobseck*

60. Balzac, *L'Auberge rouge*

47. Balzac, *La Duchesse*
de Langeais

18. Balzac, *Le Chef-d'œuvre*
inconnu

72. Balzac, *Pierre Grassou*

95. Baudelaire, *Tableaux parisiens*

32. Beaumarchais, *Le Mariage*
de Figaro

20. Corneille, *Le Cid*

78. Corneille, *Médée*

56. Flaubert, *Un cœur simple*

92. Giraudoux, *La guerre de Troie*
n'aura pas lieu

77. Hugo, *Les Contemplations :*
Pauca Meæ

49. Hugo, *Ruy Blas*

48. Marivaux, *L'Île des esclaves*

57. Marivaux, *Les Acteurs*
de bonne foi

19. Maupassant, *La Maison Tellier*

69. Maupassant, *Une partie de*
campagne

55. Molière, *Amphitryon*

15. Molière, *Dom Juan*

79. Molière, *Le Misanthrope*

35. Molière, *Le Tartuffe*

63. Musset, *Les Caprices*
de Marianne

14. Musset, *On ne badine pas*
avec l'amour

46. Racine, *Andromaque*

66. Racine, *Britannicus*

30. Racine, *Phèdre*

13. Rimbaud, *Illuminations*

99. Rimbaud, *Les Cahiers de Douai*

50. Verlaine, *Fêtes galantes*
et romances sans paroles

45. Voltaire, *Candide*

88. Voltaire, *Zadig*

Achevé d'imprimer en Italie par Grafica Veneta S.p.A. en septembre 2020
N° d'éditeur : 10268468 - Dépôt légal : août 2019